MensSana✶

*Dieses Buch widme ich meiner Frau Gabriele
und meiner Tochter Laxmi*

Über den Autor:

Nicky Sitaram Sabnis, geboren 1959 in Indien, leitet seit 1998 die ayurvedische Küche in der Abtei Frauenwörth auf der Fraueninsel im Chiemsee und veranstaltet regelmäßig Seminare und Kochkurse. Zusammen mit seiner Frau führt er die Ayurveda-Zentren im Chiemgau. Er hat bereits zwei Bücher über Ayurveda veröffentlicht, und seine Kochkunst wurde in mehreren Fernsehsendungen vorgestellt.

Nicky Sitaram Sabnis

Entschlacken und entgiften mit AYURVEDA

Körper, Geist und Psyche klären

Besuchen Sie uns im Internet: www.droemer-knaur.de
Alle Titel aus dem Bereich MensSana finden Sie im Internet unter
www.mens-sana.de

Vollständige Taschenbuchausgabe Juni 2009
Knaur Taschenbuch. Ein Unternehmen der Droemerschen
Verlagsanstalt Th. Knaur Nachf. GmbH & Co. KG, München.
Copyright © 2007 Knaur Verlag.
Ein Unternehmen der Droemerschen Verlagsanstalt
Th. Knaur Nachf. GmbH & Co. KG, München.
Alle Rechte vorbehalten. Das Werk darf – auch teilweise –
nur mit Genehmigung des Verlags wiedergegeben werden.
Umschlaggestaltung: ZERO Werbeagentur, München
Umschlagabbildung: StockFood
Druck und Bindung: CPI books GmbH, Leck
Printed in Germany
ISBN 978-3-426-87310-6

Inhalt

Vorwort 9

Einleitung 11

Teil I
Entschlacken mit Ayurveda: Die Grundlagen

Ursprung und Grundprinzipien des Ayurveda 15
    Die fünf Elemente 16
    Die drei Doshas oder Lebensenergien 17
    Die Hauptmerkmale der drei Doshas 18
        Vata, das Prinzip der Bewegung – Pitta,
        das Prinzip der Umwandlung – Kapha,
        das Prinzip der Stabilität
    Welcher Konstitutionstyp sind Sie? 21
    Der Konstitutionstest 27

Mit allen Sinnen entschlacken 33
    Wie Schlacken und Giftstoffe entstehen 38
    Dhatus – Die sieben Gewebe des Körpers 41
    Schlacken und Ungleichgewichte der Doshas 45
        Zungenbelag und Ama (Giftstoffe) – Die Malas
        als Zeichen von Ama-Belastung
    Symptome für die Entstehung von Schlacken,
    Ursachen und Harmonisierung 50

Ernährung nach dem Ayurveda 54
    Die sechs Geschmacksrichtungen 54

Die Wirkungen der verschiedenen
Geschmacksrichtungen 56
*Süßes baut auf, gibt Kraft und Zufriedenheit –
Salziges macht durstig – Saures regt den Appetit
an – Scharfes schürt das Verdauungsfeuer –
Bitteres entgiftet – Herbes trocknet aus*
Lebensmittel für die verschiedenen Doshas 61
*Vata – Pitta – Kapha – Vata-Pitta – Vata-Kapha –
Pitta-Kapha – Vata-Pitta-Kapha*
Die drei Gunas: Sattva, Rajas und Tamas 72

Essen mit allen Sinnen 75
Richtige Ernährung ist die beste Medizin 75
Einflüsse auf die Wirkung der Nahrung
im Körper 76
*Essenszeiten – Die Art der Zubereitung – Menge
und Anzahl – Die Atmosphäre – Klima und Ort –
Persönliche Verfassung – Langsam essen, warme
Getränke – Nach dem Essen*

Teil II
Entschlackung durch Bewegung und Anregung von Körper, Seele und Geist

Gesunde Bewegungen 83
Drei-Dosha-Übungen 83
Yoga 85
*Der Sonnengruß (Surya Namaskar) – Asana
für Vata – Asana für Pitta – Asana für Kapha*

Das ayurvedische Sinnestraining 93
Düfte und Aromen 93
Musik 95
Farben 96

Geist und Seele entschlacken 99
  Die »Verdauungsarbeit« des Geistes 103
  Goldene Regeln für einen freien Geist 105
    *Pranayama (Atemübungen) – Meditation (Reinigung
    und Entspannung des Geistes) – Die Kraft des
    positiven Denkens – Mantren – Visualisation –
    Schlaf – Persönliche Hingabe*

Abhyanga – Ganzkörper-Ölmassagen
für sich selbst 116

Pancha Karma – Die »fünf Heilbehandlungen« 120

Teil III
Rezepte zum Entschlacken

Von der Reinheit, dem Gebet und der Liebe 123

Die Integration und Umsetzung im Alltag 126

Gewürze – Heil- und Wirkungsweise 130
  Geschmack und Wirkung ausgesuchter Gewürze
  und Kräuter 132
  Die Herstellung von Ghee, Churnas und Masalas ... 134
    *Ghee (reines Butterfett) – Phodni oder Tadka
    (das Anrösten von Gewürzen) – Churnas (Pulver) –
    Masalas (Gewürzmischungen)*

Die Vorbereitung der Entschlackungstage 147
  Ein Entschlackungswochenende 151
    *Rezepte für das Entschlackungswochenende –
    Ayurvedischer Champagner: Heißes Wasser*

  Sanftes Fasten für das alltägliche Gleichgewicht 162

Kochen – Pure Lebensfreude 163
  Frühstück 163
  Aperitifs und Tees 167
  Vorspeisen und Snacks 172
  Suppen 177
  Hauptspeisen, vegetarisch 182
  Fisch und Fleisch 190
  Getreide und Hülsenfrüchte 200
  Beilagen und Salate 208
  Brot, Chutneys und Dips 214
  Nachspeisen 221

Anhang 227
  Dank 227
  Literatur 228
  Adressen 229
  Glossar 232
  Rezepteverzeichnis 236

Vorwort

Ich kenne Nicky Sitaram Sabnis und seine Frau seit vielen Jahren und habe zudem all seine wertvollen Bücher zum Thema ayurvedische Ernährung gelesen. Ich bewundere seine Pionierarbeit und das, was er in Deutschland im Bereich des Ayurveda verwirklichen konnte. Die Fraueninsel, wo Nicky seine Kochkurse anbietet, ist ein Platz, an dem alle fünf Elemente – so wichtig im Ayurveda – auf wunderbare Weise vertreten sind.

Das Wissen über die Entschlackung mithilfe des Ayurveda, das Nicky nun in diesem neuen Buch vorstellt, ist authentisch und von größter Bedeutung.

Die Kraft der Entgiftungsmethoden mittels der Ernährung entfaltet sich nur dann, wenn man die richtigen Kombinationen anwendet, wie sie hier beschrieben werden, und zwar in Übereinstimmung mit unserer aktuellen individuellen Verfassung. Dann können sich tief greifende Auswirkungen der ayurvedischen Ernährung offenbaren.

Die in diesem Buch vorgestellte Zubereitung von Mahlzeiten ist so faszinierend, dass der ganze Körper auf diese Ernährung, die vor allem auf den exotischen Geschmacksnuancen und Aromen der Gewürzmischungen sowie den Strukturen und Farben der Speisen beruht, antwortet. Die fein aufeinander abgestimmten Rezepturen schenken uns eine tiefere Ebene der Gesundheit – und einen entgifteten Körper.

Wir dürfen ayurvedisches Essen nicht pauschal mit dem generell scharf gewürzten Essen Indiens verwechseln. Vielmehr sollten die Art und Menge der Mischung jeweils auf die körperliche Verfassung und das Temperament eines Europäers abgestimmt werden. Dieser Weg – ein praktischer Ayurveda für den Westen – wurde auf exzellente Art und Weise durch die Rezepte von Nicky verwirklicht. Er vereint seine hochentwickelte intuitive und gleichzeitig traditionell indische Kochkunst mit seinem profunden Wissen über Ernährung und Ayurveda und verfügt so über die perfekte »Mischung«, um eine uralte und millionenfach bewährte Wissenschaft praktisch und zeitgemäß zu präsentieren. Ich bin besonders angetan von der Feinfühligkeit, mit der Nicky dieses komplexe Thema angeht. Die Rezepte sind speziell für die verschiedenen körperlichen Konstitutionen zugeschnitten und entsprechen so den erfolgreichen ayurvedischen Prinzipien.

So zart es auch sein mag, die Haltung, mit welcher das Essen zubereitet wird, ist ein wesentlicher und unsichtbarer Teil des Rezepts. Eine positive innere Einstellung und Bewusstheit erschaffen eine neue Schwingung im Essen, welche die Befindlichkeit der Person, die dieses Essen genießt, günstig beeinflusst. Ich bin sicher, auch Sie werden diese Erfahrung machen, sobald Sie versuchen, jene hier dargestellten feinen Prinzipien zu Hause anzuwenden.

Wenn Sie die Methoden mit dem richtigen Verständnis anwenden, erschließt Ihnen dies eine völlig neue Dimension, wie Sie Ihre Gesundheit verbessern können, Sie finden mehr Freude am Essen, einen »saubereren« Körper, mehr geistige Klarheit und spirituelle Weiterentwicklung.

Nicky Sitaram Sabnis' frische und lebendige Perspektive kommt genau zur rechten Zeit, nun, da das Interesse am Ayurveda im Westen stetig wächst – ich wünsche ihm alles Gute für sein Unterfangen.

Prof. Dr. Subhash Ranade
Vorsitzender und Direktor der
International Academy of Ayurved,
Pune, Indien

Einleitung

Nach dem Ayurveda ist der Mensch gesund, wenn er vom Kosmos das aufnimmt, was er braucht, und das wieder abgibt, was er nicht benötigt. Es muss ein gesundes Gleichgewicht zwischen Nehmen und Geben bestehen, damit der Körper all seine Funktionen aufrechterhalten kann. Dieses Gleichgewicht ist bei jedem Menschen individuell verschieden, und die Funktionen von Aufnahme und Ausscheidung sind bei jedem unterschiedlich ausgeprägt.

Unwohlsein und Krankheit sind stets eine Abweichung von der gesunden Balance. Der Ayurveda beschreibt viele unterstützende Maßnahmen – von der Ernährung bis hin zu Meditation –, die es dem Menschen ermöglichen, in harmonischem Einklang mit der Natur zu sein. Dabei wird immer wieder besonders darauf hingewiesen, wie wichtig Entgiftung und Entschlackung sind, damit die körperlichen und geistigen Kräfte wiederhergestellt oder erhalten werden können.

Neben den natürlichen, im normalen Stoffwechsel anfallenden Abfallprodukten kommen heute noch eine Unzahl neuer Substanzen hinzu, die vom menschlichen Körper ausgeschieden werden müssen: Medikamente, Genussstoffe, überschüssige Säuren, Umweltgifte, Nahrungsmittelzusatzstoffe usw. Dies kann zu einer Überlastung des körpereigenen Entsorgungssystems führen, besonders wenn der Mensch nicht mit seiner persönlichen Konstitution (Prakruti) vertraut ist, diese unterstützt und zum Ausdruck bringt.

Deshalb beginnt jede ganzheitliche Behandlung mit Entschlackung und Entgiftung – sowohl in der westlichen als auch in der östlichen Naturheilkunde. Denn solange die Altlasten nicht eliminiert sind, fehlt dem Organismus die Energie, sich zu erholen und zu heilen.

In diesem Buch finden Sie viele Vorschläge, wie Sie Ihren Körper, Ihr Gemüt und Ihren Geist unterstützen und anregen können. Sie lernen Ihre Konstitution kennen und erhalten viele Anleitungen und reichlich Rezepte, wie Sie diese über Ernährung, Yoga und andere Übungen in Harmonie bringen können.

Dies ist der erste Schritt. Es ist der erste Schritt jeder ganzheitlichen Behandlung, aber auch die Grundlage für ein präventives Verhalten, damit es in der Folge erst gar nicht mehr zu derlei Beschwerden kommt.

Mit der ayurvedischen Ernährung schaffen wir zwei Schritte auf einmal: Wir nehmen Nahrung zu uns, die die Entschlackung ermöglicht, und gleichzeitig lebenswichtige Nährstoffe. Der Ayurveda hat dabei nie Patentrezepte, die für jeden Menschen in gleicher Weise wirksam sind, sondern er geht jeweils auf die so genannte Konstitution des Einzelnen ein.

Es ist sinnvoll, gleichzeitig mit einer bewussten Ernährung auch Geist und Psyche zu »reinigen«, zum Beispiel mit Yoga und Meditation. Körper, Geist und Seele werden im Ayurveda als untrennbar verbundene Einheit betrachtet. Dies gibt uns die Möglichkeit, auf vielen Wegen – also ganzheitlich, über die Ernährung, über körperliche und geistige Übungen – unsere Gesundheit zu unterstützen. Und dies alles mit viel Spaß und wohlschmeckendem Essen, denn nichts entgiftet mehr als eine positive und leichte Einstellung.

Die Weltgesundheitsorganisation (WHO) definiert Gesundheit »als Zustand vollkommenen körperlichen, geistigen und sozialen Wohlbefindens«.

Dies ist eine ganzheitliche Sicht, die im Ayurveda noch umfassender gesehen wird: Wir sind ein Teil des Ganzen, Teil der universellen schöpferischen Energien. Ayurveda ist dabei ein Werkzeug, mit dem wir lernen können, wie wir mit der Welt verbunden sind und die Welt mit uns.

Dreh- und Angelpunkt ist dabei die Aufrechterhaltung oder Wiedererlangung des persönlichen Gleichgewichts – eine Balance von äußeren und inneren Einflüssen. Dazu gehören unsere persönliche gesundheitliche und geistige Verfassung, der Wechsel von Tages- und Jahreszeiten, das Klima, in dem wir leben, die Bedingungen an unserem Arbeitsplatz und Wohnort, unsere sozialen Beziehungen und natürlich, was wir als Nahrung zu uns nehmen.

Teil I
Entschlacken mit Ayurveda:
Die Grundlagen

Ursprung und Grundprinzipien des Ayurveda

Ayurveda« ist ein Wort aus dem Sanskrit, der altindischen Sprache der Gelehrten, und bedeutet »Wissen vom Leben« – *ayu* heißt »Leben(szeit)« und *véda* »Wissen(schaft)«. Der Ayurveda basiert auf den Veden, den ältesten heiligen Schriften Indiens. Im Rigveda und im Atharveda (zirka 12. bis 8. Jahrhundert v. Chr.) sind die ersten Beschreibungen von bestimmten Pflanzen, Mineralien und Heilkräften der Natur zu finden. Die Priester waren damals zugleich Ärzte, denn Seele und Körper wurden immer als eine Einheit gesehen. Über die Jahrhunderte hinweg haben diese Priester, Ärzte und Gelehrten ein umfangreiches Wissen über die Gesundheitsvorsorge, die Erkennung und Heilung von Krankheiten und über die richtige Reinigung des Körpers sowie eine ausgeglichene Ernährungsweise gesammelt.

Der Ayurveda wurde zu einem der umfassendsten Medizinsysteme der Welt, er ist der Ursprung der tibetischen und der chinesischen Medizin. Er schließt alle Aspekte ein, die körperlich-materiellen und die geistig-spirituellen, von der Zeugung bis zum Tod.

Die traditionelle ayurvedische Medizin umfasst acht Bereiche:

innere Medizin, Chirurgie, Gynäkologie, Toxikologie, Hals-Nasen-Ohren-, Kinder- sowie Augenheilkunde und auch eine plastische Chirurgie und Methoden zur Verjüngung. Die Ärzte studierten aber ebenso Farbtherapie, Psychiatrie, Psychologie, Kräuterheilkunde und die Ernährungslehre.

Die fünf Elemente

Grundlage der ayurvedischen Philosophie ist die Lehre von den fünf Elementen: Äther (Raum), Luft, Feuer, Wasser und Erde. Aus ihnen ist die gesamte Schöpfung hervorgegangen. Die unmanifestierte Urmaterie (Mahat-Tattwa) kam durch Prana, die Urlebensenergie, in Bewegung, und es entstand das erste Element, das Raumelement Äther (Akasha). Durch die Verdichtung des Äthers bildete sich das Luftelement (Vayu). Aus der Reibung der Luft entstand das Feuerelement (Tejas). Aus der Hitze des Feuers kondensierte sich das Wasserelement (Jala oder Ap). Aus der Dichte des Wassers schließlich entstand das Erdelement (Prithvi).
Diese fünf Grundelemente sind die Bausteine der gesamten Natur; somit ist auch der Mensch aus ihnen hervorgegangen. In seinem Körper nehmen sie bestimmte Strukturen und Funktionen ein.
So finden wir das Element Erde in den festen Strukturen der Knochen, Zähne, Nägel und Haare wieder, das Element Wasser im Kreislauf des Bluts und der Säfte, das Feuer im Stoffwechsel und damit in der Verdauung und Entgiftung, die Luft in Atmung und Bewegung und den Äther im Nervensystem.
Jeder Mensch besitzt von Geburt an eine individuelle Zusammensetzung dieser Elemente, sie prägen seine Konstitution, sein Temperament und seinen Charakter, sein äußeres Erscheinungsbild. Diese »mitgebrachte« Grundkonstitution wird im Ayurveda »Prakruti« genannt. Sie verändert sich im Lauf des Lebens nur wenig. Wenn wir sie bei uns selbst erkennen,

finden wir individuell für uns zugeschnittene Wege der Entgiftung und Entschlackung, denn jede Konstitution reagiert unterschiedlich. Schon durch eine an die eigene Befindlichkeit angepasste Ernährung ist es möglich, ohne Druck und mit köstlichen Gerichten neue Lebensenergie zu gewinnen.

Die drei Doshas oder Lebensenergien

Die fünf Elemente ordnen sich zu drei Grundkräften, den so genannten Doshas: Vata, Pitta und Kapha. Je zwei Elemente bilden ein Dosha:

- *Vata:* Äther und Luft,
- *Pitta:* Feuer und Wasser,
- *Kapha:* Wasser und Erde.

Diese drei Lebensenergien steuern alle körperlichen und geistigen Vorgänge unseres Organismus. Jedes Dosha hat seine eigene Aufgabe, und sie ergänzen sich perfekt in ihrem Zusammenspiel. Das individuelle Gleichgewicht entsteht.
Vata zum Beispiel steuert die Bewegung, und zwar sowohl körperlich als auch geistig. Der Stoffwechsel und alle anderen Umwandlungen werden von Pitta gelenkt. Kapha reguliert den Aufbau und die Stabilität des Körpers. Bis in die letzte Zelle, also in jedem Gewebe und Organ, sind die drei Doshas vorhanden, allerdings in unterschiedlicher Gewichtung. Sie sind einem ständigen Wechsel unterworfen: Sie folgen den Rhythmen von Tag und Nacht, den unterschiedlichen Jahreszeiten und verändern sich im Lauf unseres Lebens. Zu bestimmten Tages- und Jahreszeiten und je nach Alter ist ein Dosha jeweils besonders aktiv.
In der gesamten Natur wirken diese Lebensenergien zusammen: Der Regen bringt der Erde Feuchtigkeit – das Element Kapha. Die Sonnenwärme (Pitta) lässt die Pflanzen wachsen

und reifen, und der Wind (Vata) hilft bei der Befruchtung, sodass die nächste Pflanzengeneration gesichert ist. Unsere Lebensmittel enthalten die drei Doshas in unterschiedlicher Intensität und Menge. Durch die richtige Auswahl können wir unser Essen an die eigene Konstitution anpassen und speziell die Nahrungsmittel wählen, die eine Entschlackung im Körper fördern.

Die Hauptmerkmale der drei Doshas

Die Zeiten der Hauptaktivität der einzelnen Doshas

Dosha	Tageszeit	Jahreszeit	Alter
Vata	2–6 und 14–18 Uhr	Frühjahr und Herbst	Ab zirka 60 Jahren
Pitta	10–14 und 22–2 Uhr	Sommer	25–60 Jahre
Kapha	6–10 und 18–22 Uhr	Winter	Bis 25 Jahre

Vata, das Prinzip der Bewegung

Vata hat die Eigenschaften seiner Elemente Luft und Äther, es ist beweglich, schnell, leicht, trocken, kalt, rau, durchdringend, subtil und fein. Es zirkuliert in allen Hohlräumen, und sein Hauptsitz ist der Dickdarm. Es bewirkt die Weiterbewegung des Darminhalts und steuert den Stoffabbau, den Katabolismus. Es ist verantwortlich für alle körperlichen und geistigen Abläufe, die mit Bewegung zu tun haben: Ausscheidungen, Ein- und Ausatmung, Körperbewegungen, die schnellen Impulse der Nerven, den Blutkreislauf, das Sprechen und alle Denkprozesse.

Vata-Eigenschaften

- *Vata-Menschen:* schlank, schmale Statur, feingliedrig, flinke, rasche Bewegungen, schnelle Sprechweise. Der Schlaf ist leicht und wird oft unterbrochen.
- *Vata im Organismus:* Trockenheit im Darm mit Neigung zu Verstopfung und Blähungen, wechselhafter Appetit. Die Haut ist dünn, trocken und kühl.
- *Vata im Denken:* liberal, geistreich, witzig, originell, sprunghaft, intuitiv, abwägend, oberflächlich; schlechtes Gedächtnis, also große Vergesslichkeit.
- *Vata im Fühlen:* sprunghaft, kühl, freiheitlich, unentschlossen, vage, unbestimmt, zurückhaltend.
- *Vata im Handeln:* fleißig, gewandt, rastlos, nervös, vermittelnd, höflich, taktvoll, spontan, eigenwillig.

Pitta, das Prinzip der Umwandlung

Pitta hat die Eigenschaften seiner Elemente Wasser und Feuer: heiß, scharf, subtil, leicht und flüssig. Es sorgt im Körper für die Umwandlung und den Stoffwechsel. Der saure Magensaft und der enzymreiche Verdauungssaft des Dünndarms sind Pitta-Energien. Sein Hauptsitz ist im Zwölffingerdarm, dem aktivsten Teil des Dünndarms, und in der Leber, dem größten Stoffwechselorgan unseres Körpers. Pitta regelt die Verdauung, den gesamten Metabolismus, die Körperwärme, Hautpigmentierung, die Abwehrkraft und Vitalität. Unsere Sehkraft, der Glanz und die Geschmeidigkeit der Haut und unsere Intelligenz werden von Pitta gesteuert.

Pitta-Menschen verfügen meist über eine gute Verdauung, die mit ihrer Kraft alle Stoffwechselvorgänge und die Abwehrkraft stärkt. Sie haben dadurch viel Energie, die ansteckend wirkt, und manchmal überfordern sie sich.

Pitta-Eigenschaften

- *Pitta-Menschen:* athletisch und kräftig gebaut, mittelgroß. Sie haben eine frische Gesichtsfarbe, häufig Sommersprossen und Leberflecken.
- *Pitta im Organismus:* gute Verdauung mit Tendenz zu Durchfall, viel Schweißabsonderung, Hautreizungen, großer Appetit.
- *Pitta im Denken:* scharfsinnig, schöpferisch, enthusiastisch, kraftvoll, optimistisch, weitblickend. Pitta-Menschen haben ein scharfes und klares Gedächtnis.
- *Pitta im Fühlen:* leidenschaftlich, großzügig, herzlich, offen, stolz, warmherzig, tolerant.
- *Pitta im Handeln:* selbstständig, ehrgeizig, impulsiv, risikofreudig, erfolgreich, entschlossen, weise.

Kapha, das Prinzip der Stabilität

Kapha hat die Eigenschaften seiner zwei Elemente, der Erde und des Wassers: stabil, fest, ruhig, schwer, feucht, träge, kalt, weich, schleimig. Im Körper sorgt es für Aufbau und Erhaltung, für den gesamten Stoffaufbau, den Anabolismus. Die Stabilität von Muskel-, Fett- und Knochengewebe, die Erhaltung der Gelenkschmiere und Feuchtigkeit der Schleimhäute sind seine Aufgaben.

Kapha-Eigenschaften

- *Kapha-Menschen:* schwerer, fester Körperbau, langsame Sprechweise, tiefer, schwerer Schlaf.
- *Kapha im Organismus:* gute, aber träge Verdauung, Neigung zu Übergewicht, wenig Appetit.

- *Kapha im Denken:* praktisch, beharrlich, gründlich, konzentriert, besonnen, vernünftig, methodisch. Kapha-Menschen haben ein gutes Langzeitgedächtnis.
- *Kapha im Fühlen:* anhänglich, treu, nüchtern, sachlich, empfindlich, eifersüchtig, naturverbunden.
- *Kapha im Handeln:* ausdauernd, strebsam, beständig, solide, geduldig, hartnäckig.

Welcher Konstitutionstyp sind Sie?

Bestimmt haben Sie sich in der Beschreibung von einem der drei Doshas besonders wiedergefunden. Und dann doch auch in den anderen. Jeder von uns ist eine individuelle »Mischung« der drei Doshas, wobei meist zwei davon überwiegen und uns besonders in unserer Wesensart und unserem Äußeren prägen. Es ergeben sich folgende sieben Hauptkonstitutionen:

- Vata-Typ,
- Pitta-Typ,
- Kapha-Typ,
- Vata-Pitta-Typ,
- Vata-Kapha-Typ,
- Pitta-Kapha-Typ und
- Vata-Pitta-Kapha-Typ.

Jetzt unterscheiden wir noch zwischen der momentanen Verfassung und der Konstitution, die wir bei unserer Geburt mitbekommen haben. Durch die Erziehung, die Lebenserfahrungen, durch die persönlichen Lebensumstände, den Beruf und den momentanen Gesundheitszustand kann sich die ursprüngliche Gewichtung der Doshas verschoben haben. Das heißt, wir leben dann nicht im Einklang mit unseren Anlagen.

Dies ist die erste Imbalance, die wir aufheben möchten. Wenn die Doshas dann wieder in dem Gleichgewicht sind, das für uns stimmig ist, können wir sie durch unsere Lebensart und Ernährung fördern.

Ein Vata-Mensch braucht viel körperliche und geistige Bewegung, Veränderung und Abwechslung. Der Pitta-Typ braucht Herausforderungen, um seine zielgerichtete Aktivität und Leistung leben zu können. Und der Kapha-betonte Mensch braucht ein gewisses Maß an Sicherheit, Geborgenheit und Stabilität in seinem Leben – das alles natürlich in Maßen, die anderen zwei Doshas sind ja auch da und sorgen für ein gesundes Gleichgewicht.

Hier einige Beispiele, wie Menschen mit zwei dominierenden Doshas aussehen könnten:

- Eine Frau mit überwiegend *Vata* und *Kapha* etwa hat eine eher volle Figur mit weiblichen Rundungen, weiche Gesichtszüge und große Augen; die Haare sind dünn und glatt (Vata-Einfluss). Sie ist eine gute Hausfrau und fürsorgliche Mutter, bastelt und »handwerkt« gern (Kapha). Sie ist flink in allem, was sie tut, redet gern und schnell (Vata). Ihre Gesundheit ist meist stabil, bei Belastungen und Stress neigt sie zu Erkältungen, Husten und Verdauungsstörungen.
- Ein *Vata-Pitta*-Typ dagegen hat meist einen dünnen und drahtigen Körper. Er braucht die berufliche Herausforderung (Pitta). Er liebt ständig neue Ideen (Vata), und auch in der Freizeit mag er Aktivitäten: Wandern, Klettern, Radsport zum Beispiel. Er kann leicht launisch oder gereizt sein (Vata). Er isst gut und viel, ohne zuzunehmen. Ein Ungleichgewicht äußert sich in Schlafstörungen (Vata) oder Übersäuerung (Pitta).
- *Pitta-Kapha*-Menschen sind meist kräftig gebaut und legen über die Jahre oft an Gewicht zu. Sie essen und trinken gern, genießen mit Freunden und sind Spaßvögel. Sie sind

begeisterte Organisatoren mit viel Ausdauer und Energie. Sie neigen zu Bluthochdruck oder Diabetes.

Äußerliche Merkmale der Konstitutionstypen			
	Vata	*Pitta*	*Kapha*
Körperbau	dünn, zierlich, leicht, schlank	athletisch, kräftig, mittelstark	starker Körperbau, stark entwickeltes Unterhautfettgewebe
Haut	kalt, rau, trocken, bräunlich	warm, hell, leicht ölig, faltig, fleckig (Leberflecken, Sommersprossen)	geschmeidig, kühl, dick, weich, glatt, glänzend
Blutgefäße und Sehnen	gut sichtbar	weiche Sehnen	kaum sichtbar
Haare	wenig, fein, rau, trocken, schwer zu frisieren, mäßig schnelles Ergrauen	mäßig viel, blond, rötlich, frühes Ergrauen und Glatzenbildung	fettig, fest, dick und viel, spätes Ergrauen, volles Haar bis ins hohe Alter
Stirn	schmal	mittel	breit, hoch
Augenbrauen	dünn, unregelmäßig	dünn, regelmäßig	buschig und stark
Zähne	schmal, dünn, unregelmäßig	gelblich gefärbt, Kariesneigung	wohlgeformt, dicht stehend

Äußerliche Merkmale der Konstitutionstypen

	Vata	Pitta	Kapha
Augen	rund, rau, neigen zu Trockenheit, bleiben gelegentlich im Schlaf halb offen	leicht gereizt, zum Beispiel bei Alkoholgenuss, Zorn, Sonnenexposition	groß, hell, glänzend
Zunge	schmal, gefurchte Oberfläche	mittelbreit, rot, muskulös	breit, glatt, hell
Lippen	trocken und schmal	mittel, tief rot	dick, geschmeidig
Gesicht	trockene Haut	Grübchen und Falten	rund und glatt, späte Faltenbildung
Brust	schmal und eng	mittelbreit	breit
Nägel	dünn, brüchig, trocken	dünn, weich, rötlich schimmernd	dick, glänzend, weich
Gelenke	instabil, »knacken«	locker, weich	wohlgeformt, stark, rund
Hände, Füße	schmal, feingliedrig, sehnig, raue Haut	muskulös, mittelgroß	dick, starker Knochenbau, geschmeidig
Schenkel	fest und klein	locker und weich	kräftig und rund

Physiologische Funktionen der Konstitutionstypen

	Vata	Pitta	Kapha
Appetit	unregelmäßig, veränderlich, mal viel, mal gar keinen Hunger	gut, regelmäßig und stark, kann keine Mahlzeit auslassen	gut, kann aber auch Mahlzeiten ausfallen lassen
Stuhlgang	wechselhaft, empfindlich, neigt zu Obstipation, viel »Luft im Darm«; trockener und fester Stuhl	regelmäßig, ein- bis zweimal täglich; weicher Stuhl, Neigung zu Durchfall	regelmäßig, große Mengen; voluminöser und geschmeidiger Stuhl
Harndrang	häufig; kleine Mengen Urin	mittlere Frequenz; große Mengen Urin	selten; mittlere Mengen Urin
Bewegung, Gang	rasch, leicht, schnell und hastig	dynamisch, zielstrebig, schnell, lebendig	langsam, gesetzt und ruhig
Schlaf	leichter, unruhiger Schlaf, oft Durchschlafstörungen	schläft schwer ein, dann aber meist gut durch	tiefer, fester Schlaf
Stimme	heiser, rau	mittlere Tonlage	klangvoll, oft tief

Physiologische Funktionen der Konstitutionstypen

	Vata	Pitta	Kapha
Auffassungsgabe	rasch	zielgerichtet, mittelschnell	langsam
Gedächtnis	gutes Kurzzeitgedächtnis, vergisst schnell	mittleres Gedächtnis, speichert gut, »behält, was man wissen muss«	gutes Langzeitgedächtnis, langsames Auffassen

Reaktionsweise und Vorlieben der Konstitutionstypen

	Vata	Pitta	Kapha
Nahrungsmittel	süß, bitter, adstringierend, kühl	scharf, bitter, adstringierend, süß, trockene Speisen	süß, sauer, salzig, warm, mit Fett oder Öl
Bevorzugtes Klima	warm, feucht	kühl, etwas windig	sonniges Wetter, trocken; gute Wärmetoleranz
Begeisterungsfähigkeit	sehr stark, schnell für Neues zu begeistern	mittelstark, pragmatisch	nur langsam und schwer für Neues zu begeistern
Ausdauer	geringe	mittlere	große

Reaktionsweise und Vorlieben der Konstitutionstypen			
	Vata	*Pitta*	*Kapha*
Allgemeines Verhalten	sehr sprunghaft, kreativ	zielgerichtet, pragmatisch	konstant, schwerfällig
Verhalten bei Konflikten	nervös, ängstlich, unvorhersehbar, launisch	angespannt, trägt Konflikte aus	»frisst alles in sich hinein«, nachtragend, äußerlich ruhig

Der Konstitutionstest

Der nachfolgende Prakrutitest kann Ihnen dabei helfen, Ihre Konstitution zu bestimmen. Beantworten Sie bei jeder Spalte durch die entsprechende Punktezahl (P), was auf Ihre Persönlichkeit und für die meiste Zeit in Ihrem Leben zutreffend war, was weniger oder gar nicht. Das heißt, Sie geben in allen drei Spalten einen Wert von 0 bis 3 ein:

3 = genau/immer zutreffend,
2 = meist zutreffend,
1 = manchmal/nur zum Teil zutreffend und
0 = gar nicht zutreffend.

Am Schluss zählen Sie die Punkte für Vata, Pitta und Kapha jeweils getrennt zusammen.
Wenn nun ein Dosha eine sehr hohe Punktzahl aufweist und die beiden anderen deutlich weniger, sind Sie natürlich vor allem von diesem einen Dosha geprägt.
Liegen die Punktwerte von zwei Doshas nahe beieinander, während das dritte weit weniger Punkte erreicht hat, dann

sind Sie ein Mischtyp aus diesen beiden Doshas. Dies ist der häufigste Fall.

Bei einer annähernd gleichen Verteilung der Punktwerte sind Sie ein Tridosha-Typ, das heißt von allen drei Doshas gleichermaßen geprägt; dies ist allerdings selten.

	Körperliches Profil					
	Vata	P	*Pitta*	P	*Kapha*	P
Gestalt als Kind	schlank, dünn		mittelkräftig		Babyspeck, (etwas) pummelig	
Körperbau	leicht, zierlich		mittelschwer, athletisch		rundlich, schwer, untersetzt	
Haut	trocken, dünn, rau, bräunlich		hell, leicht ölig, neigt zu Sommersprossen, Leberflecken		geschmeidig, dick, wird leicht braun	
Haare	fein, dunkel, trocken		blond, rötlich, schnell ergrauend		dick, wellig, fettig, viel	
Proportionen	ungleichmäßig		gut proportioniert		kräftig	
Hände, Füße	schmal, feingliedrig sehnig, Gelenke locker, Adern deutlich		mittelgroß		kräftig, groß, Gelenke fest	

Körperliches Profil

	Vata	P	Pitta	P	Kapha	P
Bewegungen, Gang	rasch, leicht, locker		dynamisch, lebendig		langsam, gesetzt, schwer	
Gewicht	nimmt leicht ab, schwer zu		kann leicht zu- oder abnehmen		nimmt leicht zu, langsam ab	
Appetit	veränderlich, je nach Umständen		gut, oft stark, muss regelmäßig essen		gut oder gering, kann Mahlzeiten ausfallen lassen	
Essgewohnheiten	kühle, leichte, trockene Speisen		scharf, heiß, würzig, ölig		kalt, schwer, deftig	
Verdauung	wechselhaft, empfindlich, Blähungen, Stuhl hart/trocken		intensiv, Neigung zu Durchfall, ein- bis zweimal täglich Stuhlgang		träge, langsam, regelmäßig, Stuhl schwer, dick	
Schlaf	Leichter Schlaf, Durchschlafstörung		schläft schwer ein, dann aber meist gut durch		Schlaf tief und lang	
Sprechweise	schnell, sprunghaft, gewandt		energisch, laut, hart, bestimmend		ruhig, fest, melodisch, unsicher	

Körperliches Profil

	Vata	P	Pitta	P	Kapha	P
Gedächtnis	lernt und vergisst schnell, schlechtes Langzeitgedächtnis		speichert gut, starkes Erinnerungsvermögen		langsames Auffassen, gutes Langzeitgedächtnis	
Bevorzugtes Klima	warm, feucht		kühl, etwas windig		schönes Wetter ohne Schwüle	
Reaktion auf Stress	nervös, ängstlich		Anspannung, Ärger, Frustration		äußerlich ruhig, innerlich angestaut	
Wenn Gesundheitsprobleme, wie und wo zeigen sie sich?	nervöse Störungen, Verdauungsprobleme, Schmerzen, Unbehagen, Rückzugsverhalten		Fieber, Ausschläge, Ekzeme, Sodbrennen, Übersäuerung, Entzündungen, Wut, Zorn		Erkältungen, Verschleimung, Lymphstau, Sklerosen, Bedrücktheit	

Psychologisches Profil

	Vata	P	Pitta	P	Kapha	P
Geist	umherschweifend, aktiv, ideenreich, unstet		scharfer Verstand, Weitsicht, planend, zielgerichtet		Beständig, ruhig, gründlich, tief, langsam	

Psychologisches Profil

	Vata	P	Pitta	P	Kapha	P
Sinne	geräusch- und berührungsempfindlich, gutes Gehör		scharfer Sehsinn, »Adleraugen«, starke Beobachtungsgabe		sinnlich, mag leibliche Genüsse, Geruchs- und Geschmackssinn gut entwickelt	
Arbeit	mag keine Routine, möchte selbst einteilen		mag Planung, möchte Chef sein		mag gleichmäßige, wiederkehrende Arbeitsabläufe	
Freizeit	gesellig mit Freunden, auch gern allein		mag Aktion: Konzerte, Partys, dorthin, wo »was los ist«		gern zu Hause, Spielabende, essen gehen mit Freunden	
Sport	gern aktiv, Sport je nach Laune, nicht extrem		mag sportliche Herausforderung, Extremsport		sportlich aktiv, aber eher aus Vernunftgründen	
Entschlusskraft	unentschlossen, legt sich nicht gern fest		schnell, impulsiv, stark		zögert mit Entscheidungen, Angst vor Risiko, überlegt reiflich	
Geld, Besitz	hängt nicht an Besitz, teilt gern		gibt Geld zweckbestimmt aus		Geld gibt Sicherheit, kann Geld zusammenhalten	

Psychologisches Profil						
	Vata	P	*Pitta*	P	*Kapha*	P
Problemlösung	schiebt Probleme vor sich her		geht Probleme tatkräftig an, kämpferisch		möchte Problem ignorieren, löst überlegt	
Ansehen und Erfolg	wechselnd, auf und ab, nicht lebenswichtig		ehrgeizig, leistungs- und erfolgsorientiert		wichtig, in Verbindung mit Traditionen und Normen; Besitzstreben	
Wichtige Lebensmotivation	(geistige) Freiheit, Neues erleben		gesteckte Ziele erreichen, Resultate sehen		Werte sammeln und erhalten, Leben in Sicherheit	

Ergebnis/Punkte:

Vata: ....
Pitta: ....
Kapha: ....

Mit allen Sinnen entschlacken

Besonders in unserer modernen westlichen Welt ist der physische Körper ununterbrochen starken Belastungen ausgesetzt. Er atmet zum Teil schwer verschmutzte Luft, isst mit chemischen Substanzen aller Art »angereicherte« Nahrungsmittel und muss mit Lärm, unangenehmen Gerüchen sowie einer Reiz- und Informationsüberflutung zurechtkommen. Hinzu treten die zu niedrige Versorgung mit Sonnenlicht, Bewegungsmangel sowie die überwiegend im Sitzen ausgeübten Berufe. Er muss mit Stress, sozialen Unsicherheiten und Beziehungsproblemen umgehen, elektromagnetische Strahlenbelastungen verarbeiten und vieles mehr.
All diese Faktoren stellen eine große Herausforderung besonders für die Entgiftungsorgane Leber und Nieren dar, die dadurch oftmals überlastet sind. Die Folge ist eine Verschlackung und Vergiftung des Körpers, die auf Dauer in einem Teufelskreis endet, da ein so malträtierter Organismus immer mehr seiner Fähigkeiten verliert, mit ebendiesen Belastungen und Herausforderungen umzugehen: Er wird immer schwächer, »dünnhäutiger«, inflexibler und anfälliger.
Dies ist nicht unbedingt ein ausschließlich modernes Phänomen. Auch in früheren Zeiten und Kulturen mussten die Menschen sich den täglichen Herausforderungen stellen und mit außergewöhnlichen Belastungen fertig werden. Seit jeher gibt es Stress, Krankheit, soziale und gesellschaftliche Probleme, die den Menschen zu schaffen machten. Doch gerade diese Belastungen waren auch immer die Herausforderung, eine Veränderung und Entwicklung voranzutreiben. Der Mensch war und ist gezwungen, sich über die Ursachen von Leid Gedanken zu machen. Der Ayurveda als die »Lehre vom gesunden Leben« hilft nicht nur, die körperliche Gesundheit wiederherzustellen, sondern vermittelt Anhaltspunkte und Erklärungen für alle Aspekte des menschlichen Daseins: vom

zwischenmenschlichen wie auch gesellschaftlichen Zusammenleben über bestimmte Naturgesetze bis hin zur Spiritualität und zur Frage nach dem Sinn unseres Seins.

Die Inhalte dieser Lebensweise sind heute aktueller als jemals zuvor. Durch die rasante Entwicklung der letzten zweihundert Jahre sind die direkten physischen Belastungen erheblich gestiegen, und ein Großteil der Menschen hat den Kontakt zu den natürlichen kosmischen Rhythmen und Zusammenhängen zugunsten einer Konsum- und Verbrauchsmentalität verloren. Die Folgen dieser Haltung sind vielfältig.

Was bedeutet das für uns im Hinblick auf Entschlackung und Entgiftung?

Nach dem alten indischen Motto »Es ist besser, regelmäßig den Ölmann zu bezahlen als später teuer den Arzt!« sind Entgiftung und Entschlackung Präventionsmaßnahmen, um gravierenderen körperlichen Beschwerden vorzubeugen und den Menschen auf allen Ebenen seines Seins freier zu machen.

Ein verschlackter Organismus kann nicht mehr flexibel auf die ihn umgebende Welt reagieren. Der Mensch wird unsensibel und träge, auf Dauer unzufrieden und krank, was dann eine Belastung für alle unmittelbar Beteiligten und auch die Allgemeinheit bedeutet. Seinem Geist wird es erschwert, den Blick und die Tatkraft auf das Wesentliche zu richten: den liebevollen, respektvollen und harmonischen Umgang mit sich selbst, seinen Mitmenschen und der Natur.

Wenn wir unseren Körper entschlacken, befreien wir nicht nur den physischen Organismus von altem Ballast und beugen späteren Erkrankungen vor. Wir befreien auch unseren Geist, unseren Verstand und unsere Emotionen. Das Potenzial der eigenen Konstitution kann mehr und mehr zum Ausdruck kommen, sich entfalten und zu einem selbstbestimmten, eigenverantwortlichen, sinnvollen Wirken führen – frei nach Teresa von Àvila: Tue deinem Körper etwas Gutes, damit deine Seele darin wohnen mag.

Wie gesagt, sieht der Ayurveda den Menschen als Teil eines Gesamtorganismus: Wir sind nicht getrennt von dem uns umgebenden Umfeld! Und wir müssen alle Eindrücke, die auf uns einwirken, in irgendeiner Form verarbeiten. Diese Eindrücke setzen sich aus allen Erfahrungen zusammen, die wir mit unseren Sinnesorganen aufnehmen können. Geschmacks-, Geruchs- und Tastsinn, Augen und Gehör vermitteln uns Botschaften vielerlei Art, die bewusst und unbewusst aufgenommen und verarbeitet werden.

Wenn wir uns deutlich machen, dass all diese Botschaften eine Wirkung auf uns haben, uns im wahrsten Sinn »be-eindrucken«, können wir Entschlackung und Entgiftung auf sehr viele Bereiche unseres Lebens ausweiten. Wir vermögen uns viele Fragen nach den Möglichkeiten des Loslassens und der Umwandlung zu stellen, wenn wir beobachten, was uns Tag für Tag begegnet und wie wir diese Einflüsse empfinden: Welche Eindrücke wirken regelmäßig auf mich ein? Was höre ich? Was sehe ich? Welche Gerüche nehme ich wahr? Was mit meinem Tastsinn? Erfreut und ermuntert mich das, was ich sehe und höre, oder ist es unangenehm oder beängstigend?

Sicher ist es möglich, die Zeit, in der Sie sich bestimmten Eindrücken aussetzen, zu reduzieren oder den Umgang damit zu verändern. Wenn Sie sich zum Beispiel zu viele Sorgen über die Vorgänge in der Welt machen, mag es hilfreich sein, nicht ständig Nachrichten zu sehen, zu hören oder zu lesen. So kann man im Auto zum Beispiel öfter die Lieblingsmusik oder ein Hörbuch abspielen, daheim den Fernseher einmal ausschalten und ein inspirierendes Buch lesen, einen Spaziergang in der Natur machen oder Freunde zum gemeinsamen Kochen einladen – in diesem Buch finden Sie reichlich Rezepte zum Ausprobieren! Und Sie können einmal wie die Inder mit den Fingern essen, das wird ein besonderes Erlebnis für den Tastsinn sein. Wenn Sie den Tisch noch mit duftenden Blumen dekorieren, schaffen Sie neben den aromatischen

Gewürzen angenehmste Eindrücke für den Geruchssinn. Dies funktioniert auch wunderbar mit ätherischen Ölen, zum Beispiel über eine Duftlampe oder ein Räucherstäbchen.

Wenn Sie sich so mit schönen Gerätschaften und Sinneseindrücken umgeben, die Sie erfreuen, schaffen Sie einen Ausgleich zu den unvermeidlichen anstrengenden Erlebnissen des Alltags.

Ausgleichend können auch Hobbys wirken: Vielleicht haben Sie ja Lust, die alte Gitarre wieder einmal in die Hand zu nehmen oder sogar ein neues Instrument spielen zu lernen. Und wer hat als Kind nicht gern gesungen und gemalt? Vielleicht macht es Ihnen Freude, in einem Chor mitzusingen, einmal an einem Malkurs teilzunehmen oder an einem schönen Sommerabend die Sportschau gegen ein Fußballspiel mit alten Freunden »einzutauschen«.

Oft fällt uns gar nicht mehr auf, wo wir in Passivität gefallen sind – was sich nach der Sicht des Ayurveda entwickeln kann, wenn man in ein Kapha-Übergewicht gerät, denn dadurch wird nicht nur der Stoffwechsel träge, sondern auch der ganze Mensch.

Ein Kapha-Übergewicht kann sich aber zum Beispiel auch in Ihrer Wohnung zeigen: Wenn sich Unordnung und Schmutz breitmachen, dann ist sozusagen Ihr Wohnbereich verschlackt.

Das Gleiche gilt für Ihren Arbeitsbereich und Ihr Büro.

Wenn Sie nun einmal einen gründlichen »Frühjahrsputz« machen und Ihre Schränke und Schubladen durchschauen, können Sie leicht Ihre Wohnung oder Ihren Arbeitsbereich entschlacken. Wahrscheinlich findet jeder einige Dinge, die er in den letzten zwei Jahren gar nicht benutzt hat, und bemerkt, dass er diese gar nicht mehr benötigt. Von Kleidung über abgelaufene Lebensmittel, überflüssigen Kleinkram bis hin zu Büchern und Dateien auf dem Computer ist bestimmt so manches über seine Zeit hinaus.

Also, lassen Sie sich nicht aufhalten. Misten Sie aus! Sie

befreien sich dadurch von altem Ballast und schaffen gleichzeitig Raum und Platz für Neues. Ihrem Geist wird es guttun – und damit auch Ihrem Körper.

Falls Sie einen Garten haben sollten: Auch dort können Sie entschlacken und entgiften. Unkräuter können den anderen Pflanzen das Licht und die Luft zum Atmen nehmen. Jedes Gift, das versprüht wird, muss der Organismus Erde verarbeiten. Dies gilt natürlich auch global: Je bewusster wir mit unserer Umwelt umgehen, desto besser.

Wie Sie sehen, gibt es sehr viele Bereiche, die man genauso wie den eigenen Körper von alten Schlacken befreien kann. Oftmals ist dies sogar sehr viel einfacher als auf der körperlichen Ebene. Und da unser Umfeld ein Teil von uns ist, kann es den körperlichen Entgiftungsprozess stark unterstützen, wenn wir uns auch im Äußeren bewusst von Dingen trennen, die für uns nicht unbedingt notwendig sind.

Der Begriff der »Notwendigkeit« ist im Ayurveda ein sehr wesentlicher Aspekt. Es wird immer versucht, den anderen mit einzubeziehen, und darüber nachgedacht, was das Wesentliche, was unbedingt nötig ist. In unserem Kosmos ist es nicht möglich, dass jeder genug zum Leben hat, wenn Einzelne viel mehr verbrauchen, als sie zum Leben benötigen.

Dies ist vor allem in den so genannten entwickelten Industrienationen ein lohnenswerter Denkansatz, denn besonders hier werden durch Medien und Werbung sehr viele Bedürfnisse erfunden und geweckt, deren Erfüllung zu einem gesunden, ausgeglichenen und reichen Leben nicht wirklich erforderlich ist. Wenn wir uns einmal ernsthaft fragen, was man zum glücklichen Sein alles braucht, werden wir bei sehr wenigen Dingen enden. Und viele davon sind nicht einmal mit Geld zu bekommen.

Schafft man es, seine Bedürfnisse zu reduzieren und etwas bescheidener zu leben, wird man schnell feststellen, dass man freier geworden ist. Hat man es geschafft, freier vom finanziellen Druck durch zu viele Wünsche zu werden, hat

man Raum geschaffen. Raum für sich selbst und für andere. Und letztlich auch Raum *in* sich selbst – im Körper. Denn dieser ist ein Spiegelbild unseres Verhaltens in unserer Umwelt. Wir haben nicht nur uns selbst transformiert, sondern auch zur Umwandlung unseres Umfeldes beigetragen.
So kann man den Weg zu Entschlackung und Entgiftung auf vielen Pfaden beschreiten.

Wie Schlacken und Giftstoffe entstehen

Zum Verständnis der Frage, wie sich Schlacken und Giftstoffe im menschlichen Körper ansammeln, dient die bereits angeführte östliche Definition von Gesundheit. Nach dieser ist ein Mensch gesund, wenn er vom Kosmos das aufnimmt, was er braucht, und das wieder abgibt, was er nicht benötigt, also ein gesundes Gleichgewicht zwischen Aufnahme und Abgabe besteht. Das bedeutet in einfachen Worten, dass alles, was der Mensch aufnimmt und nicht verarbeiten oder ausscheiden kann, zur Entstehung von Schlacken und Giften in den unterschiedlichen Körpergeweben führt.
Am Beispiel eines Apfels lässt sich dies folgendermaßen erklären: Der Apfel ist erst einmal »etwas Fremdes«, woraus der menschliche Organismus »etwas Eigenes« machen muss. In Form von Energie, Körperflüssigkeiten, Geweben, Enzymen, Hormonen etc. Das heißt, er muss die im Apfel enthaltenen Stoffe aufspalten, dorthin transportieren, wo sie gebraucht werden, und an diesen Orten einbauen oder in Energie umwandeln. Dieser Prozess wird »Verdauung« bzw. »Stoffwechsel« genannt. Es ist wichtig, zu verstehen, dass hierfür viele verschiedene Stoffe, von Proteinen bis zu Vitaminen, und zusätzlich Energie benötigt werden. Deren Art und Menge können im Ayurveda je nach Konstitution und Lebenslage sehr unterschiedlich sein.
Enthält die aufgenommene Nahrung nicht die für die indivi-

duelle Konstitution nötigen Stoffe und Eindrücke, kann der Körper nicht optimal arbeiten. Wird die Nahrung schlecht verdaut, vermag er diese halbverwerteten Stoffe nicht zu nutzen und muss sie irgendwie wieder ausscheiden. Kann er dies nicht, wird er diese in seiner Weisheit irgendwo zwischenlagern, wo sie möglichst wenig Schaden anrichten. Dieser Prozess ist vergleichbar mit der Sondermüllentsorgung. Auch dort wird versucht, auf speziellen Deponien etwas zu lagern, was unbrauchbar ist, aber das Potenzial besitzt, einigen Schaden anzurichten.

Der menschliche Körper kann solche »Deponien« zum Beispiel im Fettgewebe anlegen, wo er fettlösliche Gifte einlagert. Oder im Bindegewebe, wo wasserlösliche Stoffe deponiert werden können. Dazu in Gelenken als Kristallisationen, man denke an die Gicht, oder auch in Organen, schlimmstenfalls in Form eines Tumors.

Wir müssen bedenken, dass der Körper hier sehr weise arbeitet. Er entfernt Gifte aus lebenswichtigen Bereichen wie zum Beispiel dem Blut und lagert sie dort ab, wo sie uns nicht zu stark schaden. Auf Dauer gibt er uns aber über leichte Beschwerden die Möglichkeit, zu erkennen, was wir verändern müssen, um nicht ernsthaft krank zu werden. Betrachten Sie Ihren Körper deshalb im Falle von Beschwerden wie einen guten Freund, der Ihnen ehrlich und offen die Meinung sagt.

Im Ayurveda wird davon ausgegangen, dass Schlacken und Gifte (Ama) im Körper durch einen Mangel an Verdauungskraft (Agni bzw. Jathartagni) auf den verschiedenen Ebenen der Körpergewebe und des Geistes gebildet werden. Dies bedeutet konkret, dass es unterschiedliche Möglichkeiten der Ansammlung von Ama gibt:

- *stofflich-materielle* Gründe, zum Beispiel durch mangelnde Verdauungskraft oder Stoffwechselstörungen, aber auch direkt durch Fehlernährung und mangelhafte Flüssigkeitszufuhr,

- *emotionale Gründe* durch nicht ausreichende Kraft zur Verarbeitung bestimmter gefühlsmäßiger Erfahrungen,
- *mentale Gründe* durch unzureichende Verarbeitung geistiger Eindrücke oder Vorstellungen.

Diese drei Ebenen sind eng miteinander verknüpft, denn Belastungen emotionaler oder mentaler Natur greifen in Form von Stress in die (biochemischen) Vorgänge des Körpers ein und können dadurch den Stoffwechsel stark beeinflussen.
Auf entgegengesetztem Weg kann ein aufgrund schlechter Verdauung oder nicht typgerechter Ernährung mangelhaft versorgter Körper es dem Menschen erschweren, mit emotionalen oder mentalen Herausforderungen flexibel umzugehen. Somit wird eine körperliche Entschlackung und Entgiftung auch sehr viel zu geistig-seelischer Flexibilität, Konzentration, Gelassenheit und Ruhe beitragen. Dadurch wird deutlich, dass der menschliche Stoffwechsel in der physischen Ebene Umwandlung und Transformation in einem sehr erweiterten Rahmen repräsentiert.
Wenn jemand wütend oder auch verletzt in einer Situation reagiert, wird in unserem Sprachgebrauch gern gesagt, dieser Mensch sei »sauer«. Die Prozesse, die in solch einer Situation im Körper des Betroffenen ablaufen, bewirken tatsächlich die Bildung von Säure. Fast alle Emotionen, welche mit Ärger, Wut, Zorn oder Stress in Zusammenhang stehen, erzeugen im Stoffwechsel saure Endprodukte, die der Körper neutralisieren und ausscheiden muss. Wenn die betroffene Person dann zusätzlich noch viele Lebensmittel zu sich nimmt, die ebenfalls Säuren im Körper hinterlassen, wird es für den Organismus schwierig, diese wieder auszuscheiden. Er wird sie irgendwo deponieren. Das kann zu Symptomen wie Haarausfall, Kopfschmerzen, Muskelverspannungen, besonders im Nacken-Schulter-Bereich, rheumatischen Erscheinungen, Krämpfen, Gicht bis hin zu Bluthochdruck, Bandscheibenleiden oder Osteoporose führen. Aber eben

auch zu fehlender Flexibilität, zu Aggressivität, Abneigung und Hochmut.
Zu den am stärksten säurebildenden Lebensmitteln zählen tierische Produkte wie Fleisch, Wurst, Fisch und die meisten Käsesorten, dazu im Besonderen raffinierter Zucker, Weißmehlprodukte, alkoholische Getränke und alle raffinierten Nahrungsmittel. Diese säurebildenden Genüsse verschlimmern das innerkörperliche Geschehen des beschriebenen »sauren« Menschen.
Zurück zu einem ausgeglichenen Milieu verhelfen eine liebevolle, positive Lebenseinstellung und basenbildende Lebensmittel. Dazu gehören fast alle Gemüsesorten, die meisten Kräuter, besonders die bitteren, viele Gewürze und einige Obstsorten. Diese Lebensmittel unterstützen uns darin, den Ärger zu kühlen und den Stoffwechsel wieder in die Mitte zu bringen.
Aber auch spezielle Atemtechniken des Pranayama können unterstützen, überschüssige Säuren zu neutralisieren und auszuscheiden. Entspannungsübungen, Meditation und Gebet sind ebenfalls kraftvolle Möglichkeiten, den Menschen wieder in seine Mitte zu bringen.

Dhatus – Die sieben Gewebe des Körpers

Um die Wirkung der Doshas besser zu verstehen, wollen wir die ayurvedische Sichtweise über die Körpergewebe (Dhatus) betrachten. Denn hier manifestieren sich vor allem auch die verschlackungsbedingten Ungleichgewichte zwischen den Doshas.
Die sieben Körpergewebe entstehen nacheinander in sieben Entwicklungsstufen und bauen aufeinander auf. Dies ist wie eine Veredlung, ähnlich der Verarbeitung von Milch, aus der man Sahne macht, daraus Butter und aus der Butter reines Butterfett, das berühmte Ghee der ayurvedischen Küche, des-

sen Herstellung im Rezeptteil beschrieben wird. Bei jedem dieser Schritte bleibt etwas übrig: Schöpft man den Rahm von der Milch, bleibt die entrahmte Milch. Schlägt man den Rahm zu Butter, bleibt die Buttermilch. Kocht man die Butter zu Ghee, so bleibt der Molkerest.

So durchläuft jedes Körpergewebe in seiner Entwicklung verschiedene Stadien. Dabei entstehen mehrere gewebespezifische Stoffwechselprodukte, die einerseits das primäre Gewebe nähren und erhalten, zum anderen die sekundären Gewebe, die so genannten Upadhatus, aufbauen. Upadhatus sind Bindegewebe oder Organstrukturen, die den Körper nicht nähren, aber wichtig sind für den Aufbau und Erhalt des Organismus. Sie werden aus überschüssigen Proteinen gebildet.

Darüber hinaus entstehen die Malas. Hierbei unterscheidet man zwischen externen und internen Malas.

Die externen sind Abfallstoffe, die bei der Verdauung entstehen und ausgeschieden werden müssen: Stuhl, Urin und Schweiß. Werden sie unvollständig eliminiert, führt dies zur Erkrankung des Körpers.

Die internen Malas sind Abfallprodukte, die in den Geweben selbst entstehen. Sie sind für den Körper teilweise nützlich und werden weiterverwendet. Werden sie nicht ganz verbraucht oder im Übermaß produziert, dann müssen wir für eine restlose Ausscheidung sorgen, um Krankheiten vorzubeugen.

Die Ausscheidung eines internen Malas ist für die reibungslose Funktion des Körpers enorm wichtig. Nehmen wir das Beispiel Schweiß. Schweiß ist das Mala, der Abfallstoff des Fettgewebes. Fettgewebe hat unter anderem die Aufgabe, im Körper anfallende Schlackenstoffe und das Ama, die Toxine, zu speichern. Nur durch Schwitzen kann das Fettgewebe diese angesammelten Schadstoffe loswerden. Deshalb ist auch das Schwitzen einer der wichtigsten Bestandteile einer Pancha-Karma-Kur, die später noch beschrieben wird.

Die Dhatus bauen nicht nur den Körper auf, sondern haben auch jeweils eine bestimmte Aufgabe zu seiner Erhaltung. Ein Beispiel: Die Aufgabe von Rakta-Dhatu (Blut) ist die Sauerstoffversorgung des Körpers. Wenn wir bei einem Unfall oder einer Verletzung viel Blut verlieren, so verliert der Körper dabei auch Sauerstoff und Prana (Lebensenergie). Deshalb wird der behandelnde Arzt immer als Erstes bemüht sein, die Blutung zu stillen, bevor er sich um eine weitere Behandlung kümmert.

Im Folgenden finden Sie nun eine kurze Beschreibung der einzelnen Dhatus:

- *Rasa-Dhatu* ist das erste Gewebe und entsteht aus der Nahrungsessenz. Dazu zählen das Blutplasma, das Serum und die Lymphe, aber auch die Gewebsflüssigkeit. Rasa-Dhatu hat eine kühlende Wirkung auf den ganzen Körper und sorgt für Zufriedenheit und Wohlbefinden.
- *Rakta-Dhatu* sind die Blutzellen und -körperchen. Es garantiert die Sauerstoffversorgung des Organismus. In Rakta-Dhatu herrscht das Element Feuer vor, und es hat, wie Pitta, seinen Hauptplatz in Milz und Leber.
- *Mamsa-Dhatu* ist das Muskelgewebe. Die Muskeln bedecken unser Skelett und geben ihm Halt und Festigkeit. Sie formen unser äußeres Erscheinungsbild und schenken uns Kraft.
- *Meda-Dhatu* ist das Fettgewebe. Es schützt den Körper und macht ihn weich. Es polstert und »schmiert« auch die Nervenleitbahnen. Fettgewebe speichert viel Energie und gibt uns das Gefühl, »umsorgt« zu sein. Fehlt diese Empfindung, legen sich viele Menschen einen »Fettpanzer« zu!
- *Ashti-Dhatu* ist das Knochengewebe. Es gibt dem Körper Halt, Stützkraft und Stabilität. Zurück zu einem ausgeglichenen Milieu zu kommen, hängt auch davon ab, ob wir »ein starkes Rückgrat haben«, hängt also auch von einer gesunden Knochenstruktur ab.

- *Majja-Dhatu* ist das Knochen- und das Rückenmark. Wir unterscheiden das Nervengewebe, das den Wirbelkanal, die Nervenkanäle und den Schädel (Gehirn) füllt, und das Knochenmark, welches die Hohlräume in den Knochen einnimmt. Hier werden auch die roten Blutkörperchen gebildet. Majja-Dhatu sorgt ebenso für die Gelenksflüssigkeit sowie für die Schmierung im Darm und im Auge.
- *Shukra-Dhatu* ist das Reproduktionsgewebe. Zum Shukra gehört der männliche Same und die Eiproduktion in den Ovarien. Auch alle Flüssigkeiten, welche die Fortpflanzung ermöglichen, zählen zum Reproduktionsgewebe. Die Malas von Shukra-Dhatu sind Aussonderungen der Fortpflanzungsorgane. Das Upadhatu oder eigentlich die Essenz des Fortpflanzungsgewebes wird »Ojas« genannt, was so viel wie »Lebenskraft« bedeutet. Ojas ist keine körperliche Substanz, sondern feinstofflich und bewirkt die persönliche Ausstrahlung, die uns anziehend und attraktiv macht. Ohne Ojas gibt es kein Leben. Es ist vergleichbar dem Honig, der Essenz der Blüten, welcher die Bienen anlockt.

Lebensmittel, die das entsprechende Gewebe stärken	
Rasa	Chicorée, Rote Bete, Karotten, alle Kürbisarten, Gurken, Orangen, Clementinen, Beeren, Granatäpfel, Grapefruits, Passionsfrüchte, Kirschen, Melonen, Reis, Hirse, Sojaprodukte, Weizen, Buchweizen, Buttermilch, Kreuzkümmel, Jaggery.
Rakta	Karotten, Salate, Rote Bete, Paprika, Gurken, dunkle Weintrauben, Beeren, Birnen, Pflaumen, Zwetschgen, Schwarze Johannisbeeren, Sprossen, Wildpflanzen, Jaggery, Safran.

Mamsa	Fleisch, Eier, Kürbis, Süßkartoffeln, Topinambur, Kartoffeln, Zucchini, Kohlrabi, Tomaten, Mangos, Papayas, Datteln, Aprikosen, Beeren, Jackfruit, Linsen, Hülsenfrüchte, Süßholz, natürliche Süßungsmittel.
Meda	Spargel, Weißkraut, Salate, Brokkoli, Knoblauch, Ingwer, Pastinaken, Petersilienwurzel, Sellerieknollen, Zwiebeln, Litschi, Ghee, Nüsse, alle Milchprodukte, Öle, Jaggery, Honig, Ahornsirup, Zucker.
Ashti	Rettich, Radieschen, Knoblauch, Blumenkohl, Spinat, Auberginen, Mais, Bohnen und Erbsen, Kiwis, Nektarinen, Äpfel, Bananen, Fisch und Meeresfrüchte, Kichererbsen, schwarze Linsen (Urid Dal), Sesam, Amarant, Weizen, Couscous, Bulgur, Dinkel, Grünkern, Hafer, Gewürze, Kräuter, Ingwer, Reis und Birnendicksirup.
Majja	Knochenmarkssuppe, Kürbis, Okraschoten, Champignons, Topinambur, Reis, Hirse, Quinoa, Gewürze, Ghee, süße Sahne.
Shukra	süße Früchte, Spargel, Eier, alle Nüsse, Ghee, Butter, Milch, süße Sahne, Kardamom, Nelken, Safran, Jaggery.

Schlacken und Ungleichgewichte der Doshas

Der erste Schritt, unseren Körper zu entschlacken und zu entgiften, ist, die Störungen der Doshas ohne viel Aufwand zu erkennen. Die wichtigsten Hinweise bekommen wir durch die Betrachtung der *Zunge*, der *Haut* und unserer *Ausscheidungen* (Malas).

Tagsüber sind die Verdauung und der Stoffwechsel im Magen-Darm-Trakt aktiv. Während der Nacht finden die Verdauung und der Stoffwechsel sowie die Regeneration in den Geweben statt. Abbauprodukte und Schlacken wandern in die Ausscheidungsorgane, um morgens eliminiert zu werden. Eine ausreichende Nachtruhe ist deshalb enorm wichtig, um die Regenerations- und Aufbauprozesse sowie die Entschlackungsvorgänge des Körpers zu unterstützen.

Zungenbelag und Ama (Giftstoffe)

Die Zunge zeigt uns zuverlässig jede bestehende Belastung im Darm bzw. im Körper an. Da die Schleimhäute der Zunge und des Mundraums mit allen Körperzellen in Verbindung stehen, können Abfallstoffe aus dem ganzen Organismus über diese Schleimhäute ausgeschieden werden. Findet man also bei der morgendlichen Kontrolle Ablagerungen auf der Zunge, geben uns das Aussehen, der Ort und die Struktur des Belags Auskunft über die Intensität der Ama-Belastung und darüber, welche Organe sie vor allem betrifft:

- Befindet sich der Belag hauptsächlich an der Zungen*spitze*, so entsteht das Ama im Magen, also bei der Eiweißverdauung.
- Ist er mehr in der Zungen*mitte*, so zeigt dies eine Belastung im ersten Drittel des Dünndarms. Dort findet vor allem die Kohlenhydrat- und Fettverdauung statt, und hierbei entsteht Ama.
- Hat sich der Belag am *hinteren Teil* der Zunge gebildet, der Zungenwurzel, so deutet dies auf eine Ama-Belastung im Ende des Dünndarms und im Dickdarm hin. Meistens wird nicht genügend Wasser vom Dickdarm aufgenommen.

Ein fester Bestandteil Ihrer morgendlichen Hygiene sollte die Entfernung dieses Zungenbelags sein. In Indien verwendet man dazu einen Zungenschaber, aber ein Teelöffel ist ebenso gut geeignet. Sie drehen den Löffel mit der hohlen Seite nach unten und ziehen ihn mit sanftem Druck über die Zungenoberfläche, und zwar von hinten zur Zungenspitze hin. Achten Sie darauf, wie fest der Belag an der Zunge haftet. Können Sie ihn ganz leicht mit wenig Druck und wenigen Zügen entfernen und ist der Belag nur sehr dünn, so gibt es keinen Grund zur Sorge. Dann ist der Körper damit beschäftigt, Ama auszuscheiden, es hat sich noch nicht im Darm oder in den Geweben festgesetzt.

Müssen Sie allerdings mehrmals mit dem Löffel über die Zunge schaben, um den Belag zu entfernen, und ist er schon dicker, so hat sich Ama bereits im Magen-Darm-Bereich festgesetzt. Können Sie den Belag jedoch auch nach mehrmaligem und druckvollem Schaben nicht ganz entfernen, hat sich Ama in den Geweben festgesetzt.

Im ersten Fall lassen Sie das Frühstück ausfallen, dann hat der Körper genügend Energie für die Ausscheidung. In den beiden anderen Fällen sollten Sie eine Entschlackungskur durchführen oder mehrere Fastentage einlegen.

Ein gutes ayurvedisches Mittel, um Ama wieder aus den Geweben zu lösen, ist Trikatu. Dabei handelt es sich um einen Mix aus Ingwerpulver, gemahlenem schwarzem Pfeffer und gemahlenem Pippali (indischem Langkornpfeffer). Sie können diese Mischung selbst herstellen oder aus dem Gewürzhandel beziehen.

Ein starkes Verdauungsfeuer verhindert die Bildung von Verdauungsschlacken. Seien Sie also achtsam in der Wahl Ihrer Speisen, der Zeit, wann Sie essen, und nehmen Sie nicht zu viel zu sich. Machen Sie sich bewusst, dass alles, was nicht richtig verdaut wird, Ama bildet.

Die Malas als Zeichen von Ama-Belastung

Als Nächstes wollen wir uns mit den Ausscheidungen, den Malas, befassen. Das heißt zum Beispiel, dass Sie jeden Morgen auf der Toilette den Stuhl und den Urin betrachten: zum einen wenn es Ihnen nicht gut geht und Sie die Ursache herausfinden wollen. Aber auch um überhaupt einen Blick dafür zu bekommen. Machen Sie es zu Ihrer morgendlichen Gewohnheit, dann sehen Sie ein Ungleichgewicht oder eine Störung der Doshas frühzeitig. Bei Urin und Stuhl achtet man auf die Farbe, den Geruch und die Konsistenz.

Ein gesunder Mensch, dessen Doshas sich in Harmonie befinden, hat ein- bis zweimal täglich Stuhlgang. Der Stuhl sollte sich problemlos ausscheiden lassen, fast geruchlos sein und nicht an der Toilettenschüssel kleben.

Hat der Stuhl eine fahle, kalkweiße oder milchige Farbe, riecht er fade oder geruchlos und kommt es nur einmal am Tag zur Ausscheidung, jedoch in großer Menge und von einer festen und geformten Konsistenz, so ist dies ein Hinweis auf verschlacktes Kapha-Dosha. Auch eine schleimige Konsistenz lässt auf hohes Kapha schließen.

Hat der Stuhl eine bräunlich gelbe Farbe und riecht scharf oder säuerlich, so deutet dies auf ein verschlacktes Pitta-Dosha hin. Die Menge ist zwar normal, meist finden aber mehrere Ausscheidungen am Tag statt. Der Stuhl ist dann eher flüssig, so ist auch Durchfall eine Folge von erhöhtem Pitta.

Hat der Stuhl eine dunkle bis schwärzliche Farbe mit einem extrem unangenehmen Geruch, so liegt ein Vata-Dosha mit vielen Schlacken vor. Die Stuhlmenge ist dann gering und in Form von kleinen, sehr harten Klümpchen. Eine Verstopfung mit schmerzhafter Ausscheidung, oft nach mehreren Tagen ohne jeglichen Stuhlgang, sowie Blähungen, verbunden mit Krämpfen, zeigen ein Übermaß an Vata an.

Ein Stuhl, der besonders schmierig und klebrig ist – wenn man viel Papier braucht und der Kot an der Schüssel klebt –, weist auf eine Ama-Belastung hin. Schauen Sie zudem, ob die Exkremente an der Wasseroberfläche bleiben oder untergehen: Schwimmt der Stuhl auf dem Wasser, so liegt keine Belastung vor. Versinkt er jedoch wie ein Stein im Wasser, enthält er vermehrt Schlacken.

Kommen wir zur Ausscheidung über die Blase. Normaler Urin ist hell, transparent und klar. Ist er morgens dunkler, dann ist er zu konzentriert, und Sie sollten unbedingt die tägliche Trinkmenge erhöhen. Urin eines gesunden Körpers lässt sich ohne Probleme ausscheiden und kommt in einem kräftigen Strahl. Beachten Sie immer, ob die Urinmenge im richtigen Verhältnis zur eingenommenen Trinkmenge steht.

Ist der Urin von weißlicher, trüber Farbe und hat er einen schalen Geruch, so liegt ein erhöhtes Kapha-Dosha mit Schlacken vor. Oder der Urin ist dann dickflüssig oder flockig – wie mit hellen Wölkchen. Die tägliche Menge ist eindeutig erhöht, es kommt zwar seltener am Tag zum Wasserlassen, jedoch mit großer Menge.

Wenn der Urin eine dunkelgelbe bis rötliche Farbe hat und sehr intensiv, unangenehm scharf oder sauer riecht, so ist das Pitta-Dosha erhöht und verschlackt. Dann ist die tägliche Menge verringert, häufig in dickflüssiger Konsistenz. Das Wasserlassen erfolgt in wenigen Schüben mit schwachem Harndrang, gegebenenfalls auch mit einem brennenden Gefühl.

Ist der Urin dunkel, hat keinen starken oder auffallenden Geruch und erfolgt die Ausscheidung häufig und in kleinen Mengen, oft mit einem starken Harndrang, so liegt ein verschlacktes Vata-Dosha im Übermaß vor.

Ist der Urin zähflüssig, weißlich und schwer, dann zeigt dies, dass der Körper versucht, eine Ama-Belastung auszuscheiden. Giftstoffe werden auch über die Haut eliminiert. Beim morgendlichen Waschen oder Duschen haben wir also Gelegenheit, die Haut sowie die Fingernägel und die Haare zu betrachten, denn auch sie geben uns Warnhinweise für gestörte Doshas.

Eine kalte, trockene, rissige, schuppige oder juckende Haut zeigt ein erhöhtes Vata-Dosha an. Ein zu hohes Vata lässt die Haut schneller altern. Spröde und leicht brechende Fingernägel und Haare deuten auch auf erhöhtes Vata hin.

Ist die Haut kalt, bleich und geschwollen, fühlt sie sich ölig oder fettig an, so deutet dies auf ein erhöhtes Kapha-Dosha hin. Dieses zeigt sich auch in juckender und gleichzeitig nässender Haut, an Fingernägeln mit weißen oder hellen Flecken.

Wenn die Haut eine deutliche Rotfärbung zeigt oder wenn sie sich schnell entzündet, liegt ein erhöhtes Pitta-Dosha mit Schlacken vor. Dies zeigt sich an den Fingernägel durch geschwollene, gerötete oder entzündete Nagelbetten.

Die Haut ist eines der großen Ausscheidungsorgane. Vor allem wenn so viele Schlacken und Giftstoffe anfallen, dass Nieren und Darm die Arbeit nicht allein schaffen, wird die Haut vermehrt an der Ausscheidung beteiligt. Sie entzündet sich schnell, neigt zu Unreinheiten, und es entstehen Pickel oder Ausschläge. Schlecht verheilende Wunden sind ein weiterer wichtiger Hinweis. Schafft der Körper es dennoch nicht, genügend auszuscheiden, so sind die Gewebe, Rasa-Dhatu (Lymphe) und Rakta-Dhatu (Blut) betroffen. Deshalb hilft bei Hautunreinheiten eine Blutreinigung!

Symptome für die Entstehung von Schlacken, Ursachen und Harmonisierung

Erhöhtes Vata-Dosha

Symptome	Schlafstörungen, Frieren, Schwäche und Energiemangel, körperliche und geistige Unruhe, Nervosität, Verstopfung, trockener Stuhl, Zittern, Schwindel, Schmerzzustände, Alterung und Trockenheit der Haut, allgemein beschleunigter Atem, Impotenz und Unfruchtbarkeit, Abmagerung, hartnäckige Dauerbeschwerden, erhöhte Empfindlichkeit gegenüber Kälte, Wind, Trockenheit und Klimawechsel, Unsicherheit, Ängste, Unruhe, Kummer und Sorgen.

Ursache	Angst, Schreck, Sorge, Traurigkeit, zu viel reden, exzessiver Sport, Fasten, Schichtarbeit, Arbeiten in kalten, trockenen oder klimatisierten Räumen, unregelmäßige Lebensweise, übermäßige Sexualität, bittere, scharfe und herbe Speisen, kalte, trockene und tiefgekühlte Speisen.
Harmonisierung	Achten Sie auf einen geregelten Tag-Nacht-Rhythmus und Regelmäßigkeit. Sorgen Sie tagsüber für Erholungspausen. Gehen Sie vor 22 Uhr ins Bett, und schlafen Sie mindestens acht Stunden. Meiden Sie anstrengende Tätigkeiten. Halten Sie sich an eine Vata-beruhigende Ernährung. Essen Sie gut gewürzte, warme und kräftige Nahrung, besonders Milchprodukte. Nehmen Sie Zeit beim Essen mit festen Essenszeiten. Meiden Sie windige, trockene, kalte und klimatisierte Orte. Üben Sie Yoga, oder meditieren Sie, um Ihren Geist zu beruhigen. Massieren Sie sich täglich mit warmem Sesam- oder Mandelöl ein, und nehmen Sie danach ein warmes Bad. Meiden Sie alles, was Vata-Dosha erhöht.

Erhöhtes Pitta-Dosha

Symptome	Bedürfnis nach Kälte bei gleichzeitiger Intoleranz von Wärme Verlangen nach kühlendem und häufigem Essen und Trinken Übermäßiges Schwitzen, brennende Beschwerden, besonders in Augen, Urin und Magen (Magengeschwür), Durchfälle, Hautausschläge, Fieber, Ausfall der Haare oder Ergrauen Druckgefühle und Schmerzen in der Brust, Brennen beim Wasserlassen Entzündliche Prozesse, Hautausschläge, Gelbfärbung von Haut, Augen, Stuhl und Urin, Krankheiten des Blutes Zorn, Wutanfälle, Neid, Eifersucht, übermäßiger Ehrgeiz, Fanatismus Kritik- und Ordnungssucht
Ursache	Hass, Zorn, Wut, Eifersucht, Neid, exzessiver Sport, Sauna, Sonnenbaden, Nachtarbeit Arbeiten in der Nähe von Feuer, Öfen, und Lärm Saure, scharfe, salzige und heiße Speisen Rauchen, Alkohol
Harmonisierung	Arbeiten Sie nicht zu lange, besonders nicht nachts. Lernen Sie, aufzuhören und nein zu sagen. Essen Sie nicht öfter als dreimal am Tag. Achten Sie auf eine Pitta-beruhigende Ernährung. Essen Sie überwiegend süße, kühle, bittere und adstringierende Speisen. Trinken Sie kühle Getränke, nicht aber aus dem Kühlschrank oder mit Eiswürfeln.

Erhöhtes Kapha-Dosha

Symptome	Appetitmangel, Schweregefühl des Körpers, Antriebsschwäche, Müdigkeit, träge Verdauung mit weichem Stuhl, Übelkeit, eventuell mit Erbrechen Allgemeine Blässe Sofortiges Schwitzen bei Bewegung Verschleimungen wie Schnupfen, Bronchitis, Nebenhöhlenentzündung, feuchtes Asthma Gewichtszunahme oder Übergewicht Arterienverkalkung Diabetes mellitus (Zuckerkrankheit) Fettige Degeneration von Organen und Geweben
Ursache	Gier, Faulheit, zu häufiges und ausgiebiges Ruhen Zu viel Schlaf, zu viele Getränke Bewegungsmangel Feuchtkaltes Wetter, Regen Süße, saure und salzige Speisen Kalte, schwere, feuchte und ölige Nahrung
Harmonisierung	Regelmäßige Bewegung und Sport. Halten Sie eine Kapha-beruhigende Diät. Essen Sie heiße, trocknende, scharfe, bittere oder zusammenziehende Speisen. Trinken Sie weniger, und wenn, dann heiße bzw. warme Getränke, niemals kalte. Schlafen Sie nicht tagsüber oder nach dem Essen. Schlafen Sie nachts nicht länger als sechs Stunden. Reiben Sie sich mit Senföl ein, und schwitzen Sie danach. Bei Übergewicht verzichten Sie auf Körperöle und reiben sich stattdessen mit trocknenden Pulvermischungen ein, zum Beispiel mit Kichererbsenmehl. Entschlacken Sie regelmäßig unter therapeutischer Anleitung und legen Sie, je nach Jahreszeit, öfters Fastentage ein. Dreimal die Woche kein Frühstück. Meiden Sie alles, was das Kapha-Dosha erhöht.

Ernährung nach dem Ayurveda

Unsere tägliche Nahrung setzt sich, ganz nüchtern gesagt, zusammen aus Kohlenhydraten, Eiweißen, Fetten, Vitaminen, Mineralien und Spurenelementen – und natürlich Wasser. Diese Bestandteile brauchen wir für den Aufbau und für die Erhaltung unseres Organismus. Im Ayurveda besitzt jedes Lebensmittel darüber hinaus spezifische Eigenschaften und Qualitäten, die unseren Körper, Geist und Seele beeinflussen. Je hochwertiger unsere Nahrung ist, umso mehr Prana, das ist unsere feine Lebensenergie, kann der Körper aus ihr gewinnen.

Im Ayurveda gibt es, wie schon gesagt wurde, keine generell richtige Lebensweise für jeden, sondern eine jeweils spezielle Ernährung, die auf die individuelle Konstitution zugeschnitten ist. Viele Faktoren werden dabei berücksichtigt: unsere Grund- (Prakruti) und unsere momentane Konstitution (Vikruti). Wie alt sind wir? Wo wohnen und wie leben wir? Welchen Beruf üben wir aus? In welchem Klima befinden wir uns? Wo stehen wir mit unserer geistigen und psychischen Verfassung? Die Berücksichtigung all dessen zusammen ergibt eine Ernährung, die speziell auf uns zugeschnitten ist – unsere Einzigartigkeit wird berücksichtigt.

Mit einer solchen Ernährung können wir wieder ein Gleichgewicht für uns herstellen, denn sie unterstützt die Funktionen wie Verdauung, Stoffwechsel, Gewebeaufbau, Entschlackung und Entgiftung auf eine genau für uns richtige Weise.

Die sechs Geschmacksrichtungen

Wir können viel besser Nahrung aufnehmen, verdauen und das Unwesentliche loslassen, sobald wir mit all unseren Sinnen dabei sind. Wenn wir bereits beim Einkauf das Obst und

Gemüse anschauen und berühren, wissen wir häufig schon, was wir wirklich essen wollen; denn was uns anlacht (und wenn wir dies auch beachten), ist oft gesund für uns.
Neben dem Sehen und Berühren bzw. Fühlen kommt das Riechen und Schmecken. Im Ayurveda wird zwischen sechs Geschmacksrichtungen unterschieden (süß, sauer, salzig, scharf, herb und bitter), und diese sind den Elementen zugeteilt.

- *Erde:* süß und sauer,
- *Wasser:* salzig und süß,
- *Feuer:* scharf, sauer und salzig,
- *Luft:* bitter, scharf und herb,
- *Äther:* bitter.

Da jedem Dosha je zwei Elemente zugeordnet sind, entsteht dieser Zusammenhang:

- *Kapha:* Wasser und Erde – süß, salzig und sauer,
- *Pitta:* Feuer und Wasser – sauer, scharf und salzig,
- *Vata:* Äther und Luft – bitter, herb und scharf.

Am besten ist eine Ernährung, die alle Richtungen in einer Mahlzeit und/oder an einem Tag enthält. Durch das Übermaß eines Geschmacks bzw. eines Lebensmittels steigt ein Dosha nämlich zu stark an, ein Ungleichgewicht kann entstehen oder sich verschlimmern. Essen Sie zum Beispiel sehr viel Süßes und auch gern Salziges, dann verstärken Sie Kapha. Kapha im Übermaß bedeutet auch Gewichtszunahme.
Die meisten unserer Nahrungsmittel haben einen Geschmack, der dominiert, und lassen sich daher gut einteilen, etwa die folgenden:

- *süß:* Brot, Teigwaren, Getreide, Reis, Zucker, Ghee, Butter, Milch, Sahne (Rahm), Süßkartoffeln, Datteln, süßes (reifes) Obst, Süßspeisen,

- *salzig:* alle Salzarten, Meeresfrüchte, Algen,
- *sauer:* Zitronen, Beerenfrüchte, Sauermilchprodukte, Tamarinde, Sauerampfer, Tomaten,
- *scharf:* Gewürze wie Chili, Pfeffer, Ingwer und Curry, Rettich, Meerrettich,
- *bitter:* Gemüse wie Artischocken, Chicorée oder asiatische Bittermelone, Salate wie Endivie, Radicchio, Rucola, Löwenzahn und Wildpflanzen, Kakao, Kurkuma,
- *herb:* Hülsenfrüchte, Linsen, Gemüse wie Spinat, Kohl, Brokkoli, Spargel, Aubergine und Wirsing, Obst wie unreife Bananen, Granatäpfel und manche Apfelsorten, schwarzer und grüner Tee, Pflanzen mit vielen Gerbstoffen.

Die Wirkungen der verschiedenen Geschmacksrichtungen

Jede Geschmacksrichtung hat auf jedes der drei Doshas eine verstärkende oder eine abschwächende Wirkung. Dies können wir natürlich nutzen, um unser Gleichgewicht wiederzuerlangen und zu erhalten. Und selbstverständlich auch, um uns auf allen Ebenen zu reinigen und aufzubauen.

Süßes baut auf, gibt Kraft und Zufriedenheit

Die Überzahl unserer Lebensmittel hat einen süßen Geschmack, so auch die meisten Getreide, Reis, Mais, Kartoffeln, Nudeln und Brot. Sie enthalten viele Kohlenhydrate, die aus Zuckern aufgebaut sind und im Körper wieder zu Glukose, also zu Zucker, umgewandelt werden. Glukose ist unser größter Energielieferant. Isoliert, wie es so schön heißt – also zum Beispiel als Weißzucker, Gummibärchen, Schokolade –, sollte man Glukose allerdings meiden, denn um sie zu verwerten, braucht der Körper Mineralien. In Form komplexer Kohlenhydrate – wie Vollkornbrot – ist sie für den Körper am besten, da sind dann die Mineralien gleich mit inbegriffen.

Die süße Geschmacksrichtung baut auf, nährt und besänftigt. Sie verstärkt demgemäß Kapha und reduziert Vata und Pitta. Menschen mit viel Kapha brauchen also nicht so viel davon, sie sind schon süß genug ...
Ausnahme: Honig ist zwar süß, wirkt jedoch erhitzend und verstärkt durch seinen herben Beigeschmack Vata. Daher ist Honig ein gutes Mittel, um Kapha zu reduzieren (zum Beispiel beim Abnehmen).

Salziges macht durstig

In konzentrierter Form liegt diese Geschmacksrichtung natürlich im Tafelsalz vor. Kleine Mengen an Natriumchlorid (NaCl), wie dieser Urstoff in der Fachsprache heißt, genügen meist, da viele unserer »fertigen« Lebensmittel es schon enthalten. Und salzig macht auch durstig und regt den Appetit an. Es gilt, mit kleinen Mengen zu würzen, denn große verderben den Genuss. Im Körper dient Salz dazu, das Wasser zu binden, wer also viel Salz verwendet, kann auch große Mengen unnötiges Wasser mit sich herumschleppen (welche das Herz auch noch durch den Körper pumpen muss). Beim Salz gibt es darüber hinaus große Unterschiede: Verwenden Sie unraffiniertes Meer- oder Steinsalz, diese enthalten noch wertvolle Mineralien.
Die salzige Geschmacksrichtung verstärkt Pitta und Kapha und reduziert Vata.
Ausnahme: Tamari (eine besonders würzig fermentierte Sojasauce ohne Getreidezusatz) erhitzt nicht, sondern kühlt und bindet auch kein Wasser im Körper.

Saures regt den Appetit an

Der saure Geschmack gehört zum Feuerelement; das heißt, er schürt das Verdauungsfeuer und regt den Appetit an. Da Entschlacken und Entgiften vor allem bedeutet, alte und überschüssige Säuren loszulassen und aus dem Körper auszuscheiden, ist das richtige Maß an Saurem wichtig.

Säure im Körper entsteht nicht nur durch saure Nahrung. Bei der Umwandlung der Verdauung werden Lebensmittel basisch oder sauer abgebaut, und leider werden fast alle so genannten Genussmittel und gekochten Speisen in saure Stoffwechselprodukte umgewandelt. Kippt das Gleichgewicht von Säure und Base im Körper immer in Richtung zu »sauer«, dann werden diese Säuren im Bindegewebe zwischengelagert. Durch die Ernährung, die wir Ihnen vorstellen, werden die Schlacken aus dem Bindegewebe gelöst, sozusagen abgepuffert und herausgeschafft.

Die saure Geschmacksrichtung verstärkt Pitta sowie Kapha, und sie reduziert Vata.

Ausnahme: Zitrone erhitzt nicht, sondern kühlt ab – wie eine Zitronenlimonade oder Zitronenwasser im Sommer.

Scharfes schürt das Verdauungsfeuer

Scharf sind viele Gewürze wie Chili und Pfeffer, die auch seit alters genutzt werden, um die Verdauung und mit ihr den gesamten Stoffwechsel anzuregen. Scharfes hilft beim Fettabbau, entgiftet und entschlackt.

Da zahlreiche ungewollte Gäste wie Bakterien, Würmer und Pilze Scharfes nicht vertragen, wirkt diese Geschmacksrichtung desinfizierend. In vielen heißen Ländern der Welt, wo sich Bakterien und Parasiten doch recht schnell vermehren können, wird scharf gegessen, und der Darm und der Körper bleiben gesund.

Die scharfe Geschmacksrichtung verstärkt Pitta und Vata, und sie reduziert Kapha.

Ausnahme: Ingwer verstärkt das Verdauungsfeuer, ohne jedoch Pitta zu vermehren.

Bitteres entgiftet

Bitterstoffe sind unersetzlich für die Verdauung. Sie regen die Leber und die Galleproduktion an und unterstützen dadurch den Magen und den Dünndarm in ihrer Tätigkeit. Durch eine optimale Verdauung kann der gesamte Organismus besser verstoffwechseln und auch ausscheiden. Bitter wirkt zudem austrocknend und verringert den Speichelfluss, somit auch den Appetit.

Viele Wildpflanzen und Heilkräuter weisen den bitteren Geschmack auf, zum Beispiel Löwenzahn, Brennnessel, Zinnkraut, Sonnenhut, Ringelblume, Kalmus, Galgant oder Berberitze. Leider wurde in vielen Gemüsen der bittere Geschmack weggezüchtet, aber es gibt noch einige wie etwa den Chicorée oder Radicchio.

Die bittere Geschmacksrichtung verstärkt Vata, und sie reduziert Pitta und Kapha.

Ausnahme: Gelbwurz (Kurkuma) wirkt nicht kühlend, sondern im Gegenteil: Sie erhitzt.

Die energetische Wirkung der Geschmacksrichtungen

Die Geschmacksrichtungen (Rasa) erzeugen auch eine energetische Wirkung (Virya) im Magen; das heißt, sie erhitzen oder kühlen ab:

- *süß:* abkühlend,
- *sauer:* erhitzend,
- *salzig:* erhitzend,
- *scharf:* erhitzend,
- *bitter:* abkühlend,
- *herb:* abkühlend.

Herbes trocknet aus

Pflanzen schmecken herb aufgrund ihres Gehalts an Gerbstoffen. Diese bewirken, dass sich die Poren der Mundschleimhaut zusammenziehen. Deshalb trocknen jene Nahrungsmittel aus und verhindern Wassereinlagerungen ins Gewebe. Dadurch reduzieren sie Kapha.

Herb sind viele Heilkräuter wie Salbei, Johanniskraut, Enzian, Brombeer- und Himbeerblätter, Eichenrinde, Schafgarbe, ebenso viele Beeren wie Heidelbeeren, Johannisbeeren und Schlehen. Aber auch Hülsenfrüchten, Kohl, Äpfel und viele andere.

Die herbe Geschmacksrichtung verstärkt Vata, und sie reduziert Pitta und Kapha.

Ausnahme: keine.

Eigenschaften wichtiger Nahrungsmittel

Neben den sechs Geschmacksrichtungen und ihrer energetischen Wirkung unterscheidet der Ayurveda sechs weitere Eigenschaften, die in drei Gegensatzpaare zusammengefasst sind:

- *Schwer oder leicht:* Weizen ist schwer, Gerste ist leicht; Rindfleisch ist schwer, Hühner- oder Putenfleisch ist leicht; Käse ist schwer, Magermilch ist leicht.
- *Ölig oder trocken:* Milch ist ölig, Honig ist trocken; Sojabohnen sind ölig, Linsen sind trocken; Kokosnuss ist ölig, Kohl ist trocken.
- *Heiß oder kalt (erhitzt oder kühlt den Körper):* Pfeffer ist heiß, Minze ist kalt; Honig ist heiß, Zucker ist kalt; Eier sind heiß, Milch ist kalt.

Lebensmittel für die verschiedenen Doshas

Jeder von uns bevorzugt bestimmte Geschmacksrichtungen, je nachdem, welche Konstitution wir haben. Es gibt Speisen, die unser jeweiliges Dosha stärken, sprich vermehren, und solche, welche es ausgleichen, das heißt gegebenenfalls verringern und entlasten.

Vata-Typen zum Beispiel lieben warme, flüssige Speisen – und gleichen damit ihr Dosha aus. Oft essen sie aber auch gern viel Salat, der das Vata-Dosha erhöht und überreizt.

Gesunde Pitta-Menschen hingegen lieben würzige, scharfe Speisen, viel Obst und Süßigkeiten – und dies am liebsten zu festen Essenszeiten. Sind sie allerdings gestresst und somit überreizt, trinken sie schnell mal einen Kaffee, greifen zu einer Zigarette oder einem Glas Bier – dies belastet jedoch das Pitta-Dosha.

Kapha-Menschen genießen schweres und stärkendes Essen. Sind sie ausgeglichen und ist der Genuss solcher Speisen maßvoll, vertragen sie es gut – ansonsten wird der Stoffwechsel noch langsamer, sie nehmen zu und bekommen Verdauungsprobleme.

Um dem Körper eine optimale Versorgung zu geben und damit auch die bestmögliche Entschlackung und Entgiftung zu gewährleisen, ist es also wichtig, die Ernährung zu finden, die zu unserem Dosha passt. Bestimmte Lebensmittel halten unsere Doshas im Gleichgewicht oder helfen, sie wiederherzustellen. Dadurch essen wir weniger von dem, was uns belastet, und unser Körper muss weniger Energie darauf verwenden, unnütze Abfallstoffe auszuscheiden.

Ist nun ein Dosha bei uns sehr betont oder sogar übermäßig stark, müssen wir Nahrung zu uns nehmen, die einen Ausgleich schafft. Hier ein Beispiel: Angenommen, Sie sind ein Mensch mit viel Vata, das heißt, auf Sie treffen die Beschreibungen kalt, subtil, beweglich, trocken, rau usw. zu, dann sollten Sie Nahrungsmittel mit genau den entgegengesetzten Eigenschaften zu sich nehmen, wie warm, feucht, ölig, fest usw. Essen Sie nun vor allem Salat, Chips, Popcorn, Knäckebrot, dann erhöhen Sie Ihr Vata zusätzlich. In diesem Fall wäre eine warme Karottencremesuppe besser für Ihren Körper.

Ist Ihr Alltag voller Aktivität und Bewegung, also voller Vata fördernder Tätigkeiten, sollten Sie einen Ausgleich schaffen mit Yoga, Meditation, Qi Gong oder Lesen. Dies gibt Ihnen die notwendige Erdung.

Die Tabellen auf den nächsten Seiten zeigen, welche Nahrungsmittel für die sieben Konstitutionen gut sind. Darin sind die Produkte aufgeführt, die ein Gleichgewicht bzw. eine Verringerung des jeweiligen Doshas ermöglichen.

Vata

Die Elemente Äther und Luft bilden die Vata-Konstitution. Somit besitzt Vata die Qualitäten trocken, leicht und kalt, die mit der Ernährung ausgeglichen werden sollen. Gewählt werden also Lebensmittel, die warm sind, befeuchten und erden. Dafür sind am besten geeignet: würzige Eintöpfe, kräftige Suppen oder Getreidegerichte mit Gemüse und Sauce. Süß, sauer und salzig sind die Geschmacksrichtungen, die Vata beruhigen. Bitter, herb und scharf in größeren Mengen reizen Vata und sollten nur selten gegessen werden. Wichtig für Vata sind zudem regelmäßige Essenszeiten, wobei man sich ganz auf die Mahlzeit konzentrieren sollte.

Die wichtigsten Nahrungsmittel, die Vata ausgleichen

Gemüse	Artischocke, Karotte, Kürbis, Lauch, Okraschote, Olive, Pastinake, Rote Bete, Schlangengurke, Spargel, Süßkartoffel, Tomate, Zucchini, Zuckererbse, Zwiebel.
Getreide	Brot (ohne Hefe), Dinkel (eingeweicht und gekocht), Amarant, Gerste, Hafer, Weizen.
Hülsenfrüchte	Adzukibohnen, rote Linsen, Mungbohnen, Soja; alles gut eingeweicht und gekocht, nur in kleinen Mengen.
Obst	Ananas, Apfel (süß-säuerlich), Avocado, frische Aprikose, Banane, Dattel, Erdbeere, Feige, Himbeere, Kiwi, frische Kokosnuss, Limone, Mandarine, Mango, süße Melone, Orange, Papaya, Persimone, Pfirsich, frische Pflaume, Rhabarber, Traube.
Nüsse und Samen	Alle Nusssorten. Empfohlen wird, die Nüsse in Ghee zu rösten und vor dem Essen zirka 4 Stunden in etwas Wasser einzuweichen.
Gewürze	Anis, Asa foetida, Basilikum, Bockshornkleesamen, Dill, Fenchel, Ingwer, Kardamom, Knoblauch gebraten, Kreuzkümmel, Kümmel, Kurkuma, Lorbeerblätter, Majoran, Muskatnuss, Muskatblüten, Nelken, Oregano, Paprika, Pfefferminze, Piment, Senfkörner, Steinsalz.
Milchprodukte	Butter, Buttermilch gesalzen, Hartkäse, Joghurt, Kefir, Sahne, warme Milch mit 1 Messerspitze gemahlenem Ingwer.
Tierische Produkte	Eier, Ente, Süßwasser- oder Meeresfisch, Huhn, Pute, Reh.
Süßungsmittel	Maximal 30 g pro Tag! Fruchtdicksaft, Palmzucker, Melasse.

Die wichtigsten Nahrungsmittel, die Vata ausgleichen	
Öle und Fette	Ghee, Kokoscreme, Maisöl, Mandelöl, Sesamöl.
Getränke	Ananas-, Beerensaft, Fencheltee, Gemüsesaft, Kamillentee, Karotten-, Mango-, Orangensaft, Pfefferminztee, warmes Wasser, frischer Zitronensaft mit Steinsalz.

Pitta

Das Element Feuer ist im Pitta-Dosha, seine Qualitäten sind also heiß, durchdringend und scharf. Pitta-Menschen mögen nun gerade heiße und scharfe Speisen sehr gern. Aber Nahrungsmittel, die dämpfend und kühlend wirken, gleichen Pitta aus, ebenso Speisen, die mäßig gewürzt sind.
Die Getränke sind am besten in Zimmertemperatur zu genießen. Süß, bitter und herb gleichen das Pitta-Dosha aus. Wichtig sind regelmäßige Mahlzeiten in einer gelassenen und heiteren Umgebung.

Die wichtigsten Nahrungsmittel, die Pitta ausgleichen	
Gemüse	Artischocke, Alfalfasprossen, Blattgemüse, grüne Bohnen, Bockshornkleeblätter, Brokkoli, Erbse, Gurke, Karotte, Kartoffel, Kohlrabi, Kohlsorten, frischer Koriander, Kürbis, Mais, Okraschote, grüne Paprika, Pastinake, Petersilie, Rote Bete, Sellerieknolle, Spargel, Staudensellerie, Süßkartoffel, Tomate.
Getreide	Basmatireis, Dinkel, Gerste, Hafer, Hirse, Weizen.

Die wichtigsten Nahrungsmittel, die Pitta ausgleichen

Hülsenfrüchte	Adzukibohnen, Kichererbsen, Kidneybohnen, Limabohnen, gelbe und rote Linsen, Mungbohnen, Sojabohnen. Alle mit Asa foetida kochen.
Obst	Süße Ananas, Apfel, Avocado, Aprikose, süße Beeren, Birne, Dattel, Granatapfel, Feige, süße Kirsche, Kokosnuss, süße Orange, Pflaume, Rosine, Traube, Trockenobst.
Nüsse und Samen	Kürbiskerne, Sesamsamen, Sonnenblumenkerne.
Gewürze	Basilikum, Curryblätter, Dill, Fenchel, Kardamom, Koriander, Kreuzkümmel, Kümmel, Kurkuma, Lorbeerblätter, Minze, Pfefferminze, schwarzer Pfeffer, Rosenwasser, Rosmarin, Safran, Zimt.
Milchprodukte	Ungesalzene Butter, süße Buttermilch, Frischkäse, magerer Käse, fettarme Kuhmilch, Sojamilch, Ziegenmilch.
Tierische Produkte	Eiweiß, Ente, Huhn, Kaninchen, Pute.
Süßungsmittel	Ahornsirup, Fruchtdicksaft, Fruchtzucker, kaltgeschleuderter Honig, Reissirup.
Öle und Fette	Ghee (sehr gut geeignet), Kokosöl, Sonnenblumenöl, Sojaöl, Walnussöl.
Getränke	Apfelsaft, Fencheltee, Hibiskustee, Jasmintee, Kirsch-, Mango-, Pflaumensaft, Süßholztee, Zitronensafttee. Alle Getränke lauwarm bis kühl!

Kapha

Die Elemente Erde und Wasser sind im Kapha-Dosha enthalten, ihre Qualitäten sind schwer, kalt und feucht. So genannte schwere Lebensmittel sind Kohlenhydrate, das heißt also Zucker und Stärke, Fett und Eiweißprodukte. Kapha wird deshalb durch leichte, warme und eher trockene Speisen ausgeglichen. Getränke sollten heiß genossen werden. Scharf, bitter und herb/zusammenziehend verringern das Kapha-Dosha. Sehr gut sind auch regelmäßige Fastentage.

Die wichtigsten Nahrungsmittel, die Kapha ausgleichen	
Gemüse	Artischocke, Aubergine, Bärlauch, Bambussprossen, alle Blattgemüse, grüne Bohnen, Chilischote, Gurke, Karotte, Knoblauch, Kohlrabi, alle Kohlsorten, Okraschote, Pastinake, rote Paprika, Rettich, Rote Bete, alle Salatsorten, Sellerieknolle, Spargel, Sprossen, Staudensellerie, Zucchini, Zwiebel.
Getreide	Amarant, Buchweizen, Dinkelflocken, Gerste, Haferflocken, Hirse, wenig Reis.
Hülsenfrüchte	Adzukibohnen, schwarze Bohnen, Erbsen, Kichererbsen, Kidneybohnen, Limabohnen, gelbe und rote Linsen, Mungbohnen.
Obst	Herbe Äpfel, Granatapfel, Grapefruit, Johannisbeeren, Papaya, Persimone, Pfirsich, Quitte, blaue Trauben.
Nüsse und Samen	Kürbis-, Pinien-, Sonnenblumenkerne.

Die wichtigsten Nahrungsmittel, die Kapha ausgleichen	
Gewürze	Ajwain, Anis, Bockshornkleesamen und -blätter, Cayennepfeffer, Curryblätter, Chili, Estragon, frischer und getrockneter Ingwer, Kreuzkümmel, Kümmel, Kurkuma, Majoran, Muskatnuss, Nelken, Oregano, Paprika, Petersilie, weißer und schwarzer Pfeffer, Piment, Senfkörner, Sternanis, Thymian, Wacholderbeeren.
Milchprodukte	Nur fettarme Kuh- oder Ziegenmilch.
Tierische Produkte	Fluss- oder Meeresfisch, mageres rotes Fleisch.
Süßungsmittel	Palmzucker, kaltgeschleuderter Honig.
Öle und Fette	Olivenöl, Senföl, kleine Mengen an Sonnenblumenöl.
Getränke	Heiß: Wasser, Ingwerwasser, Kräutertee, heiße Milch mit etwas Pfeffer und Ingwer oder Kardamom.

Vata-Pitta

Das Vata-Pitta-Dosha bleibt durch den süßen Geschmack im Gleichgewicht, durch den bitteren steigt es an. Deshalb werden Speisen und Getränke mit süßem Geschmack gewählt. Ausgezeichnet sind reife süße Früchte. Vor jedem Essen etwas süßes Obst oder ein Stückchen Palmzucker besänftigt Vata und Pitta gleichzeitig. Im Frühjahr und Herbst sollten bevorzugt Nahrungsmittel aus der Vata-Tabelle gewählt werden, um dieses Dosha zu reduzieren. Im Sommer soll Pitta reduziert werden, dann wird also aus der Pitta-Tabelle gewählt. Frisch zubereitete und etwas ölige Speisen sowie regelmäßige Essenszeiten sind am besten.

Die wichtigsten Nahrungsmittel, die Vata-Pitta ausgleichen

Gemüse	Edelkastanie, Karotte, Kürbis, Lauch, Okraschote, Pastinake, Rote Bete, Schalotte, Süßkartoffel, Tomate.
Getreide	Dinkel, Hafer, Vollkornreis, Vollkornweizen: alles gekocht, kein Frischkornmüsli. Brot ohne Hefe.
Hülsenfrüchte	Gelbe Linsen, Mungbohnen, Sojabohnen, Tofu.
Obst	Generell süßes und reifes Obst. Süße Äpfel, Avocado, Aprikose, Banane, Birne, Brombeere, Clementine, frische Dattel, Erdbeere, frische Feige, Himbeere, Kokosnuss, Mango, Orange, Persimone, Pflaume, Traube.
Nüsse und Samen	Wenig, mit Ghee angeröstet: Kürbiskerne, Sesamsamen, Mandeln, Sonnenblumenkerne.
Gewürze	Anis, Basilikum, Bockshornklee, Dill, Fenchel, frischer Ingwer, Kardamom, Knoblauchpulver oder -paste, Koriander, Kurkuma, Lorbeerblätter, Majoran, Minze, Muskat, Nelken, Oregano, Pfefferminze, schwarzer Pfeffer, Rosmarin, Safran, Schwarzkümmel, Thymian, Zimt.
Milchprodukte	Magerer Käse, warme Kuhmilch mit Kardamom.
Tierische Produkte	Ei, Ente, Huhn, Lamm, Meeresfisch, Pute, Reh.
Süßungsmittel	Ahornsirup, Palmzucker, kaltgeschleuderter Honig, Melasse, Reissirup.
Öle und Fette	Avocadoöl, Ghee, Kokosöl, Sonnenblumenöl.
Getränke	Kamillen-, Pfefferminztee, lauwarmes Wasser, Zimttee.

Vata-Kapha

Vata und Kapha brauchen beide Wärme. Die Mahlzeiten sollte man deshalb unbedingt warm und frisch zubereiten. Warmes Wasser über den ganzen Tag verteilt in kleinen Schlucken zu trinken, ist hervorragend. Denn damit wird das etwas faule Verdauungsfeuer Agni angeregt. Abends eine leichte warme Mahlzeit entlastet zudem die Verdauung und ermöglicht einen guten Schlaf. Vata wird durch süß, sauer und salzig ausgeglichen – Kapha dagegen durch scharf, herb und bitter. Schauen Sie deshalb von Moment zu Moment, welches Dosha gerade vorherrscht, und wählen Sie dementsprechend Ihre Nahrungsmittel aus.

Die wichtigsten Nahrungsmittel, die Vata-Kapha ausgleichen	
Gemüse	Aubergine, rohes Blattgemüse, Blumenkohl, Chilischoten, Gurke, Karotte, Knoblauch, Kohlrabi, alle Kohlsorten, Okraschote, Pastinake, rote Paprika, Rettich, Rote Bete, alle Salatsorten, Sellerieknolle, Spargel, Sprossen, Staudensellerie, Zucchini, Zwiebel.
Getreide	Amarant, Buchweizen, Dinkelflocken, Gerste, Haferflocken, Hirse, wenig Reis.
Hülsenfrüchte	Adzukibohnen, schwarze Bohnen, Erbsen, Kichererbsen, Kidneybohnen, Limabohnen, gelbe und rote Linsen, Mungbohnen.
Obst	Herbe Äpfel, Granatapfel, Grapefruit, Johannisbeeren, Papaya, Persimone, Pfirsich, Quitte, blaue Trauben.
Nüsse und Samen	Kürbis-, Pinien-, Sonnenblumenkerne.

Die wichtigsten Nahrungsmittel, die Vata-Kapha ausgleichen	
Gewürze	Ajwain, Anis, Bockshornkleesamen und -blätter, Cayennepfeffer, Curryblätter, Chili, Estragon, frischer und getrockneter Ingwer, Kreuzkümmel, Kümmel, Kurkuma, Majoran, Muskatnuss, Nelken, Oregano, Paprika, Petersilie, weißer und schwarzer Pfeffer, Piment, Senfkörner, Sternanis, Thymian, Wacholderbeeren.
Milchprodukte	Nur fettarme Kuh- oder Ziegenmilch.
Tierische Produkte	Fluss- oder Meeresfisch, mageres rotes Fleisch.
Süßungsmittel	Palmzucker, kaltgeschleuderter Honig.
Öle und Fette	Oliven-, Senföl, kleine Mengen an Sonnenblumenöl.
Getränke	Heiß: Wasser, Ingwerwasser, Kräutertee, heiße Milch mit etwas Pfeffer und Ingwer oder Kardamom.

Pitta-Kapha

Beide Doshas haben die Geschmacksrichtungen sauer und salzig, und ein Übermaß davon sollte vermieden werden. Sonst ist die unselige Übersäuerung die Folge – also noch mehr saure Schlacken im Bindegewebe, die ja ausgeschieden werden sollen. Außerdem lagert sich dann zu viel Wasser im Gewebe an, und man nimmt an Körperfülle zu. Für ein Gleichgewicht und eine Entgiftung von Pitta-Kapha sollte man mehr herbe und bittere Nahrungsmittel wählen – wie Hülsenfrüchte, Linsen, Salat und Gemüse. Im Winter soll Kapha vermindert werden (siehe Kapha-Tabelle) und im Sommer das Pitta (siehe Pitta-Tabelle).

Die wichtigsten Nahrungsmittel, die Pitta-Kapha ausgleichen

Gemüse	Artischocke, Alfalfasprossen, Bittermelone, Blumenkohl, Brokkoli, Erbse, Gurke, Karotte, Kartoffel, Kohlrabi, Kohlsorten, frischer Koriander, Kürbis, Mais, Mungbohnensprossen, grüne und rote Paprika, Rosenkohl, Rote Bete, Staudensellerie, Weißkohl.
Getreide	Basmati-, brauner oder Rundkornreis, Gerste, Hafer, Weizen.
Hülsenfrüchte	Erbsen, Kichererbsen, Kidneybohnen, Linsen, Mungbohnen, Sojaprodukte, Tofu. Alle Hülsenfrüchte mit Asa foetida gewürzt.
Obst	Herbe Äpfel, alle Beeren, Kirschen, Kokosnuss, Mirabelle, Rosinen, Trauben, Trockenobst.
Nüsse und Samen	Maronen, Kürbis-, Pinien-, Sonnenblumenkerne, Walnüsse.
Gewürze	Bärlauch, Dill, Eisenkraut, Estragon, Fenchel, Gewürzkardamom, Kardamom, frischer Koriander, Kolonji (schwarze Zwiebelsamen), Kümmel, Kurkuma, Minze, Muskatblüte, Rosmarin, Senfkörner, Zimt.
Milchprodukte	Ungesalzene Butter, Frischkäse, Ghee, Magermilch von Kuh, Ziege und Schaf, Sojamilch.
Tierische Produkte	Eiweiß, Huhn, Pute, Meeresfisch.
Süßungsmittel	Apfeldicksaft, kaltgeschleuderter Honig, Reissirup.
Öle und Fette	Maiskeim-, Oliven-, Raps-, Sonnenblumen-, Sojaöl.
Getränke	Hibiskustee, Gemüse-, Preiselbeer-, Weizengrassaft, stilles, lauwarmes Wasser.

Vata-Pitta-Kapha

Eine ausgeglichene Mischung aller drei Doshas findet man sehr selten. Dann sind allerdings alle Elemente und alle drei Doshas in einem harmonischen Zusammenspiel vereint. Haben Sie diesen ausgewogenen »Mix«, sollten Sie vor allem darauf achten, jene Harmonie geistig und psychisch zu erhalten. Bei der Ernährung beobachten Sie bewusst, wie es Ihnen im Moment geht, was Sie gern essen möchten oder was Sie brauchen. Im Frühjahr und Herbst sollte vor allem Vata ausgeglichen werden, im späten Frühjahr und Sommer Pitta und im Winter Kapha (siehe die vorangegangenen Tabellen).

Die drei Gunas: Sattva, Rajas und Tamas

Wir haben bis jetzt die Konstitutionen mit ihren körperlichen und physiologischen Qualitäten betrachtet und die dazu passenden Nahrungsmittel mit ihren Eigenschaften. Daneben gibt es noch die drei geistigen Grundqualitäten. Diese sind sehr subtil und immer gegenwärtig, sie sind aktiv, aber selbst nicht wahrnehmbar: Nur ihre Wirkung ist erkennbar – wie die Kreise im Wasser, wenn wir einen Stein in den See werfen.
Diese drei geistigen Qualitäten, die Gunas, heißen »Sattva«, »Rajas« und »Tamas«; der Ayurveda verbindet mit ihnen Folgendes:

- Sattva: Essenz, reine Geistigkeit, Licht, Klarheit, Wissen, Wonne, Liebe,
- Rajas: Aktivität, Inspiration, energievolle Kraft, Schmerz, Zweifel,
- Tamas: Bindung, Trägheit, Dunkelheit, Starre, Schlaf.

Alle drei haben ihren Platz in unserem Leben, und ihr Gleichgewicht ist lebensnotwendig. Am Morgen weckt uns Sattva

und hilft uns, den Tag zu beginnen. Raja unterstützt uns bei der Arbeit und bei allen alltäglichen Pflichten. Tamas ermöglicht abends das Gleiten in den Schlaf.
Die drei Gunas sind auch in unserem Geist zu finden, und unser Geist wechselt beständig zwischen ihnen hin und her:

- *Sattva-Zustand:* Der Geist ist still, ruhig und ausgeglichen. Zufriedenheit und Klarheit sind vorherrschend. Wir handeln am rechten Ort zur rechten Zeit – und ohne eine Gegenleistung zu erwarten.
- *Rajas-Zustand:* Der Geist ist unruhig, leidenschaftlich, unzufrieden und aufgeregt. Wünsche oder Ablehnungen beherrschen uns. Wenn wir etwas sehen, jemanden treffen oder uns in einer bestimmten Situation befinden, erzeugt dies immer gleich ein Gefühl von »Ja, das will ich« oder »Nein, das will ich überhaupt nicht«. Unsere Bedürfnisse beherrschen unser Leben, und wir handeln nicht frei. Wenn sie nicht befriedigt werden, denken wir, dass wir unglücklich sind. Unsere Handlungen beruhen auf Gegenleistungen, auf der Erwartung von Erfolg. Die Sucht ist ein typischer Raja-Zustand.
- *Tamas-Zustand:* Hier ist der Geist träge, müde, antriebslos und unklar. Oft wissen wir nicht, wie wir handeln sollen, entweder weil uns die Kenntnisse und Fähigkeiten fehlen, oder weil die Umstände ungünstig sind. Dann kommen wir immer mehr in einen Zustand von Unklarheit: Wir handeln nicht rechtzeitig, nicht richtig oder gar nicht.

Die drei Gunas sind in uns veränderlich, der Sattva-Zustand ist für ein inneres Gleichgewicht entscheidend. Es ist eine Situation innerer Zufriedenheit und der Harmonie. Äußere Umstände und Personen beeinträchtigen uns nicht, wir bleiben in unserer Mitte, dies gibt uns innere Freiheit (Kaivalya).
Zwischen Rajas und Tamas muss eine Ausgewogenheit herrschen, sodass abends mehr Tamas da ist, um zur Ruhe zu

kommen, und morgens mehr Rajas, damit wir aus dem Bett kommen. Zu viel Rajas führt zu Verausgabung und Überforderung, zu viel Tamas zu Trägheit und Depression.
Umgekehrt trifft zu, dass, wenn wir die natürlichen Rhythmen in unserem Leben unterstützen, wir auch die Gunas im Gleichgewicht halten. Und unsere Nahrung beeinflusst sie maßgeblich.
So, wie alle Lebensmittel bestimmte Qualitäten und Eigenschaften aufweisen, haben sie auch eine »sattvische«, »rajasische« oder »tamasische« Natur:

- *sattvisch:* biologische, frische, leicht verdauliche, nährstoffreiche, leicht ölige, süße Nahrungsmittel, frische Milch, Butter, Ghee, Sahne (Rahm), Joghurt; alle süßen und reifen Obstsorten, frisches, junges Gemüse; Mungbohnen, gelbe Linsen, Sesam, Walnüsse, Pinienkerne; Reis, Weizen, Dinkel, Quinoa, Hirse, Gerste, Amarant; Honig, Rohrzucker;
- *rajasisch:* salzige, scharfe, bittere, saure, trockene, heiße, verarbeitete Nahrungsmittel; gekochte Milch, saure Sahne (Sauerrahm), Käse, Hüttenkäse; unreifes Obst, Dosenobst, Dosengemüse, fermentierte Nahrungsmittel, Saft in Flaschen; Eier, Essig, Gewürze allgemein, sehr scharfe Gewürze, roter Pfeffer, Chilischoten, Knoblauch; rote Linsen, Erdnüsse, Oliven, Tomaten, Rettich, Rhabarber, sehr kalte Getränke und Speisen;
- *tamasisch:* alte oder zu lang gekochte Speisen, Schnellgerichte, Tiefkühl- und Dosenprodukte, Mikrowellenessen, Essensreste; tierische Produkte, Fisch, Muscheln; alkoholische Getränke; Margarine, Milchpulver; Zwiebeln.

Essen mit allen Sinnen

Richtige Ernährung ist die beste Medizin

Viele Zivilisationskrankheiten hängen direkt oder indirekt mit Fehlern in unserer Ernährung zusammen. Übergewicht, Verdauungsprobleme, aber auch Mangelerscheinungen sind nur einige Symptome, die auf falsche Essgewohnheiten schließen lassen. Obwohl die moderne Ernährungswissenschaft ständig Empfehlungen ausspricht, wie sich unsere Nahrung idealerweise zusammensetzen muss, scheint uns dieses Wissen, gemessen an den permanent steigenden Zahlen ernährungsbedingter Krankheiten, bisher nicht weitergeholfen zu haben.
Obzwar der Ayurveda die Zusammensetzung einzelner Nahrungsmittel kennt, liegt der Schwerpunkt dieses Ernährungskonzepts woanders. Denn all diese Inhaltsstoffe sind für unsere Sinne nicht nachvollziehbar. Wir wissen zwar, dass eine Apfelsine viel Vitamin C enthält, können diesen Bestandteil in der Regel aber weder schmecken noch riechen oder sehen – er bleibt für uns abstrakt. Der subjektiven Erfahrung im Umgang mit den Nahrungsmitteln wird dagegen mehr Bedeutung beigemessen als den objektiv nachweisbaren Inhaltsstoffen: Wenn Sie die Apfelsine essen, schmecken Sie ihr charakteristisches Aroma. Das ist für Sie wahrnehm- und erfahrbar. Vermutlich werden Sie im Lauf Ihres Lebens bestimmten Nahrungsmitteln gegenüber Vorlieben oder Abneigungen entwickelt haben. Und danach richten Sie sich bei der Auswahl der Lebensmittel wahrscheinlich eher als nach den Erkenntnissen der Trophologen.
Nach ayurvedischer Auffassung ist Essen in erster Linie also ein sinnliches Erlebnis, das weder vom Intellekt noch von Tabellen mit Lebensmittelinhaltsstoffen gesteuert werden kann. Der Wert der Ernährung richtet sich nach der individuellen Verträglichkeit der Speisen, den momentanen Bedürfnissen

sowie nach persönlichen Vorlieben und Abneigungen. Deshalb sind die Nahrungsmittel, die Sie mit Lust essen, die Sie als besonders schmackhaft empfinden und nach deren Genuss Sie sich wohl fühlen, für Ihren Körper die beste Medizin.
Was und wie viel ein Mensch isst, wie er die Nahrung zubereitet, wie viel Zeit er sich zur Nahrungsaufnahme nimmt und in welcher geistigen Verfassung er während der Mahlzeit ist, entscheidet darüber, ob wir uns richtig oder falsch, gut oder schlecht ernähren.
Auf die vielen äußeren und inneren Einflüsse im Rahmen unserer Ernährung wollen wir nun im Einzelnen genauer eingehen.

Einflüsse auf die Wirkung der Nahrung im Körper

Essenszeiten

Jedes Dosha dominiert zu einer bestimmten Tageszeit (siehe Seite 18). Pitta, die Kraft des Feuers, ist besonders aktiv zwischen 10 und 14 Uhr. Dann ist auch das Verdauungsfeuer am größten, also ist es gut, zu dieser Zeit die Hauptmahlzeit einzunehmen. Dies betrifft vor allem diejenigen, die viel Vata und Kapha in ihrer Konstitution haben, denn da ist die Verdauung oft etwas schwächer.
Kapha, das Dosha von Aufbau und Stabilität, hat seine Hauptzeit zwischen 6 und 10 Uhr morgens und zwischen 18 und 22 Uhr abends. Da ist dann die Verdauung etwas langsamer, vor allem von Nahrungsmitteln mit viel Kapha-Qualität.
Sind Sie nun jemand, der viel Pitta besitzt, können Sie essen, wann immer Sie wollen, und verdauen es dann auch. Alle anderen können durch günstige Essenszeiten Gesundheit und Wohlbefinden nachhaltig unterstützen.

Die Art der Zubereitung

Für die meisten Menschen gilt, dass Nahrung in einem warmen und gegarten (reifen) Zustand viel leichter verdaubar und somit bekömmlich ist. Es gilt also nicht immer, dass viel Rohes generell sehr gesund ist. Nur diejenigen, die dafür genügend Verdauungsfeuer besitzen, vertragen ein großes Maß an Rohkost. Alles, was die Kraft unserer Verdauung übersteigt, ist nicht mehr gesund. Tiefkühlkost, Konserven, Gerichte aus der Mikrowelle besitzen wenig Lebensenergie (Prana), dasselbe gilt für mehrmals aufgewärmte oder lang gelagerte Speisen.

Die Art der Zubereitung – dünsten, grillen, rösten, backen, mixen, einlegen, trocknen – verändert ein Nahrungsmittel. Ein Apfel zum Beispiel ist in rohem Zustand gut für einen Pitta-Typ, Vata-Menschen sollten ihn besser kochen, und Kapha-Typen verzehren ihn am besten getrocknet. So verträgt ihn jeder am besten, weil er ihn dann gut verdauen kann.

Etwas Ähnliches gilt für auch für Getränke, und zwar sowohl für die Menge als auch die Temperatur: Ein Mensch vom Typ Vata sollte bis zu 3 Liter pro Tag trinken, am besten warm. Für Pitta sind 2 Liter kühle bzw. lauwarme und für Kapha 1,5 Liter heiße Getränke gut.

Menge und Anzahl

Die Menge an Nahrung, die wir zu uns nehmen sollten, richtet sich nach der Größe unseres Magens. »Aber wie soll ich denn wissen, wie groß mein Magen ist?«, werden Sie vielleicht fragen. – Bilden Sie mit Ihren Händen eine Schale, dann haben Sie eine Vorstellung davon, wie viel Essen Ihren Magen füllen sollte. Denn ein Drittel soll sich nur mit fester Nahrung füllen, das zweite Drittel mit Flüssigem, und ein Drittel sollte noch leer sein, damit sich das Feste und Flüssige gut mischen können. Hören Sie zu essen auf, bevor Sie sich voll fühlen.

Dreimal am Tag zu essen, ist auch die Empfehlung im Ayurveda – und nur dann, wenn Sie wirklich hungrig sind. Zwischen den Mahlzeiten sollte ein Abstand von mindestens fünf Stunden und vor dem Zubettgehen wenigstens von zwei Stunden liegen. Dies gibt Ihrem Verdauungssystem Zeit, gründlich zu arbeiten: aufnehmen, umwandeln und ausscheiden.

Die Atmosphäre

Eine ruhige, harmonische Atmosphäre ist die halbe Verdauung, noch dazu in angenehmer Gesellschaft. Hektik, Stress, Streit und emotionaler Aufruhr belasten die Verdauung.
Genießen Sie das Essen mit allen Sinnen, riechen Sie es, lassen Sie es auf der Zunge zergehen.
In Indien, dem Geburtsort des Ayurveda, wird mit der Hand gegessen, dann ist auch der Tastsinn dabei. Schalten Sie das Mobiltelefon mal ab, lassen Sie den Fernseher aus. Seien Sie ganz bei der Sache – beim Essen.

Klima und Ort

Unser Klima beeinflusst unseren Stoffwechsel und unsere Verdauungskraft. Deshalb wählen wir Lebensmittel entsprechend dem vorherrschenden Wetter. Fleisch zum Beispiel erhitzt, ist also nicht geeignet bei trockener Hitze. Demgegenüber wirkt Salat kühlend und ist in unserem Winter ungeeignet.
Ein wirklich angenehmer Platz zum Kochen ist für die Köchin oder den Koch wichtig. Nach Vastu-Prinzipien – dem ayurvedischen Feng Shui – sollte sich die Küche an der Südseite befinden, weil dort die Feuerenergie am stärksten ist.

Persönliche Verfassung

Unsere aktuelle körperliche, seelische und geistige Verfassung hat einen großen Einfluss darauf, wie wir Nahrung verdauen können und wie sie wirkt. Achten Sie deshalb darauf, wie Sie sich fühlen.

Sind wir zum Beispiel abends nach der Arbeit erschöpft, besitzt der Körper viel weniger Kraft für die Verdauung, ein schweres Essen »liegt dann nur im Magen«. In diesem Fall ist es bekömmlicher, eine leichte Mahlzeit wie eine Suppe zu sich zu nehmen. Oder Sie sind gereizt oder wütend und trinken einen Kaffee, sofort können Sie den Druck oder das Zuviel an Säure im Magen spüren. Niedergeschlagenheit und Trauer lähmen unsere ganze Vitalität – und unsere Verdauung. Umgekehrt belebt uns eine gute Stimmung, im Urlaub vertragen wir vieles mehr.

Nehmen Sie sich zu Beginn des Essens einen kurzen Moment Zeit für eine innere oder äußere Danksagung, für sich selbst oder als Tischgebet. Dann können die feinstofflichen Energien besser aufgenommen werden, und wir beginnen in Ruhe.

Gedanken zur Mahlzeit

Vor, während und nach dem Essen können Sie sich etwa folgende Fragen stellen, deren ehrliche Beantwortung und Befolgung dazu beitragen, dass das Kochen und Goutieren der ayurvedischen Köstlichkeiten zu einem ganzheitlichen Genuss verschmelzen.

Vor dem Essen
- *Bin ich wirklich hungrig?* Es ist am besten, erst dann zu essen, wenn wir wirklich hungrig sind und die vorangegangene Mahlzeit schon ganz verdaut ist (zirka 3 bis 5 Stunden).
- *Muss ich erst auf die Toilette gehen?* Es wird empfohlen, erst seine Blase und den Darm zu entleeren. Es ist ein Zeichen von

Gesundheitsproblemen, wenn man gleich nach dem Essen wieder aufs Klo muss.
- *Warum soll ich meine Hände und mein Gesicht vorher waschen?* Einfache Hygiene ist wichtig, um Krankheiten vorzubeugen. Vermeiden Sie, innerhalb von 3 Stunden nach dem Essen zu duschen oder zu schwimmen, weil dadurch der Blutkreislauf von der Verdauung abgelenkt wird.
- *Habe ich ein gutes Umfeld?* Angenehme Musik, Gesellschaft und Umgebung unterstützen eine gute Verdauung.
- *Sitze ich in einer guten Position?* Gutes Sitzen während des Essens hilft gegen die Entwicklung von Schlackenstoffen.
- *Bin ich dankbar?* Der Dank kann ein Gebet zu Gott sein, der uns das Essen gibt, oder ein Dank an die Menschen, die geholfen haben, das Essen zuzubereiten.

Während des Essens
- *Bin ich hektisch?* Sie sollten in gemäßigter Geschwindigkeit essen und darauf achten, jeden Bissen mindestens zehn- bis zwanzigmal zu kauen.
- *Schätze ich das Essen?* Sie sollten sich Zeit nehmen, um Klang, Erscheinung, Struktur, Geschmack und Aroma des Essens zu schätzen.
- *Brauche ich ein Getränk?* Warmes Wasser oder Ingwer und Kreuzkümmeltee ermuntert die Verdauung, die Ausscheidung und die Kraft von Agni.
- *Bin ich zufrieden?* Es ist wichtig, daran zu denken, dass der Magen nur faustgroß ist. So werden zwei Hand voll Essen als die ideale Menge für jede Mahlzeit vorgeschlagen.

Nach dem Essen
- *Laufe ich hinterher »tausend« Schritte, oder soll ich ruhen?* Vermeiden Sie schwere Arbeit, Übungen oder angestrengtes Denken für mindestens 30 Minuten nach dem Essen. Nach

der Mahlzeit sollten Sie nicht schlafen, sondern idealerweise 15 Minuten auf der linken Seite liegend ruhen. Auch ein Spaziergang von etwas 5 Minuten ist empfehlenswert. Also doch: »Nach dem Essen sollst du ruhn oder ›tausend‹ Schritte tun ...«
- *In welcher Position verdaut man am besten?* Die Yoga-Positur Vajrasana ist eine gute Stellung zur Unterstützung der Verdauung. Man sitzt auf den Fersen, die Großzehen sollen einander berühren. Der Rücken ist gerade und entspannt. Die Hände liegen auf den Oberschenkeln. Position einige Minuten lang halten.

Langsam essen, warme Getränke

Jeden Bissen kauen Sie so lange, bis er musig-breiig ist. Dann wird viel Speichel im Mund freigesetzt, und die Kohlenhydratverdauung beginnt bereits jetzt, der Magen wird schon eingestimmt. Wir helfen ihm bei der Arbeit und sind zudem viel schneller satt.

Kalte Getränke vor, zum oder nach dem Essen schwächen das Verdauungsfeuer. Schluckweise getrunkenes warmes oder lauwarmes Wasser können Sie zum oder nach dem Essen trinken.

Zwischen den Mahlzeiten heißes oder warmes Trinken entschlackt und entgiftet, beruhigt und gleicht aus, was vor allem bei Nervosität und Angespanntheit hilfreich ist. Dann verschwinden auch Blähungen, unangenehmes Völlegefühl und Verstopfung. Alte Schlacken werden gelöst und mithilfe des Wassers abtransportiert und eliminiert.

Warmes Wasser ist noch besser als warmer Tee. Es ist geschmacksneutral und hat keine zusätzlichen Wirkungen, die ja auch jeder Kräutertee besitzt. Wir bekommen wieder einen feinen Geschmackssinn.

Nach dem Essen

Ist das nicht wunderbar: Im Ayurveda wird eine warme Nachspeise oder ein heißer Tee empfohlen. Eis ist nicht so geeignet, aber falls Sie nicht verzichten wollen, trinken Sie danach noch heißen Tee oder heißes Wasser. Und zum Abschluss kauen Sie ein paar Samen wie Anis, Fenchel, Kardamom, Nelken oder Ajwain, da freut sich Ihr Verdauungssystem ...!

Teil II
Entschlackung durch Bewegung und Anregung von Körper, Seele und Geist

Gesunde Bewegungen

Bewegung in Form natürlicher Aktivitäten oder spezieller Körperübungen haben im Ayurveda eine hohe Bedeutung. Damit sind aber keineswegs schweißtreibendes Muskeltraining oder Sportarten gemeint, die Sie verbissen und unter Aufbringung sämtlicher Energien ausüben. Angestrebtes Ideal ayurvedischer Bewegungsübungen ist, Geist und Körper in einen vollkommenen Einklang zu bringen. Spaziergänge in der freien Natur zum Beispiel kommen diesem Ziel schon sehr nahe, da das Gehen eine natürliche Form der Bewegung, ja, ein natürlicher Sport ist.

Drei-Dosha-Übungen

Der Ayurveda rät zu bestimmten Bewegungsmaßnahmen, die die Ausgewogenheit von Vata, Pitta und Kapha fördern. Diese Körperübungen werden als die »Drei-Dosha-Übungen« bezeichnet.

Besonders betont wird der Sonnengruß »Surya Namaskar«,

eine Übung, die Streck-, Dehn- und Gleichgewichtsübungen umfasst. Diese Übung wird für alle Doshas gleichermaßen empfohlen, die etwas genauer im anschließenden Abschnitt über Yoga beschrieben werden.

Des Weiteren empfiehlt der Ayurveda für die einzelnen Doshas unterschiedliche körperliche Betätigungen. In der Tabelle sind auch moderne Sportarten miteinbezogen, damit es Ihnen leichterfällt, etwas speziell für Sie Passendes zu finden, was Ihnen Freude bereitet.

Bitte beachten Sie, dass für Mischtypen einzelne Übungen kombiniert werden müssen. Je nachdem, wo Sie bei sich ein Ungleichgewicht erkennen, können Sie es mit entsprechender Bewegung ausgleichen.

Bewegungen zur Balance der Doshas		
Vata-Typ	*Pitta-Typ*	*Kapha-Typ*
Yoga	Skilaufen	Gewichtheben
Tanzen	zügiges Gehen	Tennis
Aerobic	Jogging	Fußball
Spaziergänge	Segeln	Laufen
Kürzere Wanderungen	Reiten	Aerobic
Radfahren	Wandern	Fechten
	Schwimmen	Rudern

Die beste Zeit, um ein Körpertraining durchzuführen, ist morgens. Nehmen Sie sich daher vor dem Frühstück etwa eine halbe Stunde Zeit, damit Sie in Ruhe üben können.

Yoga

Als eine der Säulen des Ayurveda werden jedem Menschen je nach individueller Konstitution bestimmte Körperübungen empfohlen, welche die Harmonisierung der jeweiligen Doshas unterstützen. Yoga-Stellungen oder Asanas sind sehr wirksame Körperübungen, welche Spannungen in Geweben und Organen abbauen können und Muskeln, Sehnen und Gelenke beweglich und kraftvoll halten. Sie unterstützen im Besonderen die Beweglichkeit der Wirbelsäule, wodurch Impulse ungehindert und frei über die Nervenbahnen die Organe und Drüsen steuern können. Dies ist ein sehr wesentlicher Aspekt, denn wenn die Organe aufgrund fehlender Innervation nicht richtig arbeiten, können wir noch so gute und passende Nahrung zu uns nehmen, wir werden sie nicht richtig verdauen und können unseren Organismus nicht angemessen entschlacken und entgiften.

Durch die für die entsprechende Konstitution und den momentanen Zustand passenden Asanas werden alle Körperfunktionen unterstützt. Die Selbstheilungskräfte werden aktiviert, und der Körper kann sich selbst besser reinigen und von Ablagerungen und Dekontaminierungen befreien.

Vitalität und Beweglichkeit werden besonders am frühen Morgen vor dem Frühstück sehr wirksam angeregt, weshalb dies die beste Zeit für die Übungen ist. Yoga sollte täglich praktiziert werden, damit seine Wirkung sich entfalten kann.

Eine der grundlegenden Übungen, die für alle Doshas gleichermaßen empfohlen wird, ist der Sonnengruß, »Surya Namaskar« genannt.

Diese Übung werde ich im Folgenden beschreiben und zusätzlich spezielle Übungen für die einzelnen Doshas. Es ist trotzdem zu empfehlen, sie bei einem qualifizierten Yoga-Lehrer zu erlernen, besonders wenn Sie unter körperlichen Beschwerden leiden. Sicher können Sie in Ihrer Nähe einen passenden finden.

Der Sonnengruß (Surya Namaskar)

Der Sonnengruß regt Atmung, Kreislauf und Verdauung an und lädt den Körper in kurzer Zeit mit Energie auf. Er ist eine gute Vorübung für die klassischen Körperhaltungen.

Ausführung:
1. Aufrecht stehen, Hände in Gebetshaltung, Ellbogen waagrecht – ausatmen;
2. Einatmend beide Arme nach oben rückwärts strecken, Becken nach vorn, Kopf zurück;
3. Ausatmend zur Kopf-Knie-Stellung, Handflächen neben den Füßen zu Boden, Stirn zum Knie;
4. Startstellung: linkes Bein angewinkelt aufstellen, rechtes Bein halb durchgestreckt, Knie am Boden, einatmen;
5. Dachstellung: beide Beine rückwärts ausgestreckt, Fußsohlen am Boden, Kopf zum Unterleib, ausatmen;
6. Knie-Brust-Kinn-Stellung, Gesäß nach oben, Arme angewinkelt, Atem anhalten;
7. Einatmend den Oberkörper anheben;
8. Ausatmend mit dem Becken hochkommen, die Fußballen auf den Boden drücken, Arme durchdrücken;
9. Einatmend linken Fuß nach vorne zwischen den Händen aufstellen, rechte Fußsohle und rechtes Knie berühren den Boden, Kopf und Kinn anheben, nach vorne schauen;
10. Ausatmend mit dem rechten Fuß nach vorne kommen, Kopf senken, Gesicht an die Knie bringen, Beine durchstrecken, Hände auf dem Boden parallel zu den Füßen;
11. Einatmend beide Arme über den Kopf heben, Oberkörper nach hinten beugen;
12. Ausatmend hinstellen und beide Arme zur Hüfte führen;
13. Wiederholung der Übung von 4 bis 9 mit dem anderen Fuß.

Asana für Vata: Die Kobra

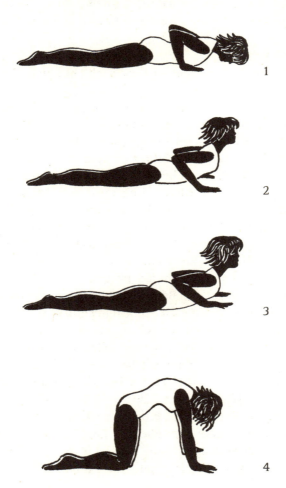

Ausführung:
1. Auf dem Bauch liegen, Stirn am Boden, die Hände unter die Schultern legen;
2. Einatmend Kopf und Schultern so hoch wie möglich heben, ohne die Hände einzusetzen;
3. Den Atem anhaltend auf die Arme stützen, die Ellbogen gebeugt lassen;
4. Ausatmend langsam niederlegen und in Bauchlage entspannen.

Diese Übung kräftigt die Rückenmuskulatur, und die Verdauungsorgane werden belebt.

Asana für Pitta: Der Drehsitz

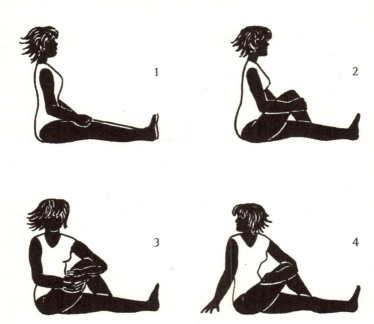

Ausführung:
1. Linkes Bein anwinkeln, Fuß an die Leiste herannehmen und unter die rechte Hüfte legen;
2. Rechtes Bein aufstellen und neben das linke Knie stellen;
3. Oberkörper nach rechts drehen und rechten Arm, Handfläche nach unten, auf dem Boden aufsetzen;
4. Linken Arm ausstrecken und über das Knie des aufgestellten Beins führen und nach links wegdrücken. Oberkörper noch weiter nach rechts drehen, über die rechte Schulter schauen, Rücken gerade halten und entspannt weiteratmen.
5. Die Seite wechseln und erneut üben.

Wichtig: Man sollte stets mit dem linken Bein beginnen und sich nach rechts drehen: aufsteigenden (rechts) und absteigenden Darm (links) beachten.

Diese Übung dehnt sämtliche Muskeln und Bänder des Rückgrats, lindert Rückenschmerzen und Verspannungen. Außerdem lockert sie die Wirbelsäule und massiert die Verdauungsorgane.

Asana für Kapha: Der Tänzer

Ausführung:
1. Aufrecht stehen, Körpergewicht auf den linken Fuß verlagern, rechtes Bein nach hinten abwinkeln, mit der rechten Hand den Spann des rechten Fußes fassen und gegen das Gesäß drücken;
2. Einatmend den linken Arm senkrecht heben und den ganzen Körper intensiv nach oben strecken;
3. Oberkörper nach vorn neigen, bis die ausgestreckte Hand in der Waagerechten ist, abgewinkeltes rechtes Bein so weit wie möglich nach hinten hochheben, bis der rechte Oberschenkel waagerecht zum Boden steht, noch weiter nach vorn neigen und versuchen, das eingebeugte Bein durchzustrecken halten;
4. Wiederholung der Übung mit dem anderen Bein.

Die Übung beseitigt Spannungen im Rücken und in den Schultern, entwickelt den Brustkorb, sorgt für eine bessere Durchblutung des Unterleibs.

Das ayurvedische Sinnestraining

Mit unseren fünf Sinnen orientieren wir uns in der Welt. Doch wir nehmen nicht nur äußere Dinge durch Sehen, Hören, Fühlen, Schmecken und Riechen wahr, sondern wir organisieren über sie auch unsere Gedanken und Gefühle.

Das optimale Funktionieren der Sinne ist im Ayurveda eine wichtige Voraussetzung für die Gesundheit. Deshalb stellt das ayurvedische Sinnestraining eine weitere Gesundheitsmaßnahme dar, um körperliche und geistig-seelische Vorgänge positiv zu beeinflussen: Durch die Impressionen von Düften, Farben, Klängen, Berührungen und Nahrungsmitteln werden gleichgewichtsfördernde Impulse erzeugt, die die Ausgewogenheit der Doshas stabilisieren oder, im Falle eines Ungleichgewichts, harmonisieren.

Dabei hat jeder Konstitutionstyp unterschiedliche Schwerpunkte in seiner Wahrnehmung:

- Beim *Vata-Typ* sind Gehör- und Tastsinn besonderes stark ausgeprägt,
- während der *Pitta-Typ* eher über das Sehen ansprechbar ist und
- der *Kapha-Typ* zu den Geruchs- und Geschmacksliebhabern zählt.

Düfte und Aromen

Im Rahmen des ayurvedischen Sinnestrainings ist die Aromatherapie eine wichtige Methode. Sie nimmt mithilfe von Pflanzendüften Einfluss auf körperliche, seelische und geistige Vorgänge:

Gerüche gelangen über spezielle Geruchszellen direkt in die Bereiche Ihres Gehirns, die über die Hormonausschüttung für

Gefühle und wichtige Körperfunktionen zuständig sind. Der Ayurveda macht sich diese heilsame Wirkung auf verschiedene Weise zunutze: Da der Geruchssinn eng mit dem Geschmackssinn zusammenhängt, wird empfohlen, die Speisen mit bestimmten Kräutern und Gewürzen anzureichern. So kann das typische Aroma im Körper seine Wirkung entfalten.
Neben Kräutern und Gewürzen sind ätherische Öle natürliche Heilmittel der ayurvedischen Aromatherapie. Ihre Duftbotschaften werden entweder eingeatmet (inhaliert), oder sie dringen über die Haut (zum Beispiel beim Massieren) ins Körperinnere, um ihre wohltuende Wirkung zu entfalten.

Das Inhalieren

Um die Duftmischungen inhalieren zu können, benötigen Sie eine Aromalampe oder einfach eine kleine Schüssel, die Sie auf ein Stövchen stellen. Träufeln Sie, je nach Raumgröße, 10 bis 15 Tropfen Aromaöl in die Schale und füllen Sie diese dann mit warmem Wasser auf.
Sie können die Düfte täglich ½ Stunde oder länger einatmen. Ätherische Öle sind in Apotheken, Naturkostläden oder Reformhäusern erhältlich. Typgerechte Ölmischungen können Sie über Firmen bestellen, die sich auf ayurvedische Produkte spezialisiert oder diese Produkte in ihrem Sortiment haben.

Eine Auswahl an Kräutern und Gewürzen, die für Ihre Konstitution geeignet sind, finden Sie im Kapitel »Gewürze – Heil- und Wirkungsweise«. Die folgende kleine Auswahl zeigt Ihnen beispielhaft einige ätherische Aromen, die Ihre Doshas ausbalancieren.
Richten Sie sich bei der Wahl des ätherischen Öls nach Ihrem Hauptdosha und Ihrem aktuellen Befinden: Verwenden Sie

das Öl, das Ihr gefährdetes oder gestörtes Dosha ausgleicht. Vertrauen Sie aber auch Ihrem Geruchssinn. Bitten Sie vor dem Kauf der Öle um Riechproben, denn dasjenige Öl, zu dem Sie sich spontan hingezogen fühlen, ist meist genau richtig für Ihre Zwecke:

- *Vata* kann mit einer Mischung süßlicher und säuerlicher Aromen harmonisiert werden, beispielsweise durch Basilikum, Geranie, Nelke und Orange.
- *Pitta* wird durch eine Mischung aus frischen, süßen Aromen wie Jasmin, Minze, Rose, Sandelholz oder Zimt in Balance gebracht.
- *Kapha* lässt sich durch würzige, erdige Duftrichtungen ausgleichen: beispielsweise Eukalyptus, Kampfer, Nelke, Majoran und Wacholder.

Musik

Seit der Erfindung des Radios wird Musik hinaus »in den Äther« geschickt. Verbreitet über Radiowellen, bestand seinerzeit auf einmal die Möglichkeit, in der Ferne erzeugte Musik und Wortbeiträge zu Hause zu hören, wenn das Gerät auf den passenden Kanal eingestellt war. Auch heute funktioniert dies im Grunde noch genauso, allerdings hat hier mit den modernen Kommunikationsmitteln wie Fernsehen und Mobilfunktechnologie natürlich eine immense Entwicklung und Verbreiterung des Angebots stattgefunden. Geblieben ist das Prinzip der Informationsübertragung über Wellen bzw. Schwingungen, welche im Ayurveda wie Musik und Klang dem Element Äther zugeordnet werden.
Musik ist ein Träger von Informationen, die über die Klangwellen vermittelt werden. Dies wird zum Beispiel durch die Wasserkristallfotografien des Japaners Masuro Emoto eindrucksvoll gezeigt.

Den Menschen kann man ähnlich wie eine Antenne verstehen, die die Information der Musik zu empfangen und aufzunehmen vermag. Musik entfaltet so ihre Wirkung hauptsächlich im emotionalen Bereich und kann auf diese Weise helfen, Umwandlungsprozesse und damit Entschlackung und Entgiftung zu unterstützen. Bei Kapha-Übergewicht ist dazu besonders rhythmische, kraftvolle Musik geeignet, welche das Pitta-Dosha anregt und damit das Feuer der Transformation unterstützt. Wenn Sie dazu auch noch gern tanzen möchten: nur zu! Die Bewegung wird dem Körper zusätzlich guttun.
Auf der anderen Seite kann sanfte, ruhige Musik uns helfen zu entspannen. Das Vata-Dosha wird harmonisiert. Dadurch werden Ruhe, guter Schlaf und ausgeglichene innere Bewegung gefördert. Dies ist ein sehr wesentlicher Aspekt, denn in Entspannung und während eines tiefen, gesunden Schlafs können die Entgiftungsorgane und auch der Stoffwechsel besonders gute Arbeit leisten. Das hilft dem Körper, Altes auszuscheiden, Neues einzubauen, und macht Sie fit für einen aktiven Tag.

Farben

Ohne Licht und Farben könnten wir nicht leben. Farben erfreuen unsere Sinne, und mit ihrer Hilfe können Sie jede gewünschte Atmosphäre schaffen: Das Kolorit Ihrer Wohnung, Ihrer Kleidung und selbst der Nahrung, die Sie auswählen, bestimmt auf subtile Weise Ihre Lebensqualität und Ihr Lebensgefühl. Im Rahmen des ayurvedischen Sinnestrainings kommt deshalb der Farbtherapie eine wichtige Bedeutung zu, denn jede Farbe ruft im Körper bestimmte Schwingungen hervor, die das Gleichgewicht von Vata, Pitta und Kapha wieder einpendeln oder stabilisieren.
Genauso wie Musik und Klang werden auch Farben über Schwingungen vermittelt. Sie werden als Sinnesqualität dem

Element Feuer zugeordnet – wie auch die Augen, über die sie aufgenommen werden. Deshalb sind sie gut geeignet, das Feuerelement zu regulieren, und im Grunde wie Gewürze einsetzbar, die dieses Element in den Lebensmitteln speichern. Es geht hier um die Verdauung auf einer feinstofflicheren Ebene. Die Farben wirken reinigend, klärend und kräftigend besonders auf unseren Mentalbereich, also unseren Geist. Und wie wir ja wissen, folgt einem aktiven klaren Geist ein aktiver klarer Körper.

Wenn Sie Ihre Entschlackung und Entgiftung mit dem gezielten Einsatz von Farben unterstützen wollen, können Sie leuchtende, klare, transparente, trockene und stimulierende Töne wie Orange, Gelb, Rot und Gold wählen, da diese ein Kapha-Übergewicht reduzieren helfen.

Zu dunkle, tiefe Farben sollten dagegen vermieden werden. Dies wären zum Beispiel düstere, schlammige Grüntöne, Schwarz, viele Grau- oder Brauntöne, die das Erdelement stark erhöhen.

Sollten Sie unter nervöser Unruhe und starker Sensibilität leiden, was auf ein Vata-Ungleichgewicht hindeutet, kombinieren Sie die warmen Farben mit wässrigen und beruhigenden wie Grün- oder Blautönen, oder Sie verwenden Pastelltöne.

Grundlagen der Farbwirkungen sind die sieben Regenbogenfarben, die den fünf Elementen und den drei Doshas zugeordnet werden:

- *Rot* wird mit dem Blut in Verbindung gebracht. Diese Farbe fördert den Farbstoffanteil und die Bildung der roten Blutkörperchen. Außerdem erzeugt Rot Hitze und gibt den Nerven sowie dem Knochenmark Energie. Die Farbe wirkt durchblutungsfördernd, erweiternd, entstauend und aktivierend. Störungen des Vata- oder Kapha-Doshas lassen sich durch Rot gut beheben, während es bei einer Pitta-Konstitution nicht oder nur mit Vorsicht eingesetzt werden darf.

- *Orange* gehört wie Rot und Gelb zu den warmen Farben. Es unterstützt die Sexualenergie und regt die Nierenfunktion an. Orange wirkt aufbauend, kräftigend, positiv und gesundheitsfördernd. Psychisch wirkt es antidepressiv und stimmungsaufhellend. Vata- und Kapha-Störungen können durch Orange wirksam beeinflusst werden.
- *Gelb* bedeutet Leichtigkeit und bringt das Gefühl von Schwerelosigkeit und Heiterkeit. Diese Farbe hat einen ausgleichenden Charakter auf tiefster Ebene. Sie wirkt auf die Drüsentätigkeit, aktiviert die Schleimhäute und fördert die Sekretion. Bei Magen- und Leberbeschwerden wirkt Gelb anregend und öffnend. Allerdings kann es bei falschem Gebrauch zu Pitta-Störungen im Dünndarm führen. Ohne umfassende Diagnose sollten daher Pitta-Typen die warmen Farben (Rot, Orange, Gelb) nicht oder nur mit Vorsicht einsetzen. Bei übermäßigem Vata und Kapha hingegen eignet sich Gelb hervorragend als ein das Gleichgewicht fördernder Impuls.
- *Grün* wirkt auf geistiger und emotionaler Ebene beruhigend, bedeutet Regeneration, Ausgleich und Harmonie. Darüber hinaus regt Grün die Konzentrationsfähigkeit an. Bei übermäßigem Gebrach von Grün kann es zu Pitta-Störungen im Gallenbereich führen.
- *Gelbgrün* vereinigt die Qualitäten und Wirkungsweisen beider Einzelfarben in sich.
- *Blau* repräsentiert Ruhe, Weite und Kühle. Es wirkt abbauend, zersetzend, hemmend und zusammenziehend. Diese Farbe lindert Pigmentstörungen der Haut und wirkt auf Imbalancen des Pitta-Doshas positiv. Vata- und Kapha-Typen sollten Blau dagegen mit Bedacht einsetzen.
- *Violett* gehört wie Blau zu den kalten Farben. Es übt eine ausgleichende Wirkung aus, indem es die Kälte schwächt und das Feuer dämpft. Violett wirkt auf das zentrale Nervensystem und fördert den Schlaf. Seine Eigenschaften sind dämpfend, entspannend und fast ein wenig hypno-

tisch. Pitta- und Kapha-Störungen können mit Violett sehr gut beeinflusst werden, während es Vata bei falschem Gebrauch schädigen kann.

Eine oft sehr beeindruckende Möglichkeit, sich mit Farbe »zu versorgen«, ist der Genuss eines Sonnenauf- oder -untergangs. Während dieser Naturereignisse können Sie die herrlichsten Farbschauspiele betrachten, in sich aufnehmen und wirken lassen.
Ebenso mag man sich über die Malerei wunderbar mit der Energie von Farben verbinden. Dabei können Sie Ihrer Kreativität freien Lauf lassen, was sicher sehr erlösend sein wird.

Geist und Seele entschlacken

Am Beispiel der Angst kann man die enge Verbindung von Gefühlen und ihren körperlichen Auswirkungen gut beobachten. Jeder von uns kennt dies: Angst ist eine natürliche Reaktion des Organismus auf eine lebensbedrohliche Situation. Vieles macht uns Angst: Krankheiten, der Verlust des Arbeitsplatzes, das Alter, die unsichere Rente, der Tod und manches mehr. Angst erzeugt im Körper Dauerstress, womit wir schon bei der zweiten psychischen Hauptursache für Erkrankungen sind – Stress ist ein allgegenwärtiges Thema. Die meisten Menschen leiden darunter, und alle Konstitutionen sind davon betroffen. Stress ist vermutlich sogar der größte krankmachende Faktor unserer Gesellschaft. Es handelt sich hier um den höchsten Alarmzustand des Körpers, der uns – oft ungewollt – ständig auf Hochtouren laufen lässt.
Diese Vielfalt von negativen Gefühlen wirkt sich ungünstig auf alle Doshas aus und führt zu funktionellen Beschwerden wie Unruhe, Nervosität, Herzrhythmusstörungen, Blutdruck-

schwankungen oder Schlafstörungen. Dann hat der Körper nicht mehr die Entspannung und Ruhe, sich um die Elimination von Schlacken und Giftstoffen zu kümmern, und lagert sie erst mal ab. Psyche, Geist und Schlacken sind eng miteinander verbunden. Falsches Denken, negative Emotionen und unintelligentes Verhalten sind die Ursachen für viele Störungen und die Ansammlungen von Giftstoffen.

Bei einer umfassenden Kur wollen wir deshalb auch Zeit und Mühe für Geist und Psyche aufwenden; denn Geist und Körper sind ja bekanntlich eng miteinander verbunden. Jede noch so kleine Bewegung, sei es die eines Fingers oder der kleinen Zehe, wird von einem Teil des Gehirns kontrolliert. Die Art und Weise, wie wir sitzen, wird von unseren kleinen grauen Zellen bestimmt, die Signale an die Muskeln senden. Jede Körperhaltung spiegelt unsere Gemütsverfassung, unsere Gefühle wider.

Wenn jemand deprimiert ist, dann scheint sein Körper in sich zusammenzusacken. Die Schultern fallen herab, der Bauch hängt über den Rockbund oder Gürtel, und selbst die Mundwinkel zeigen nach unten. Wenn Sie aber jemanden sehen, der sich rundum wohl fühlt, dann bemerken Sie seinen federnden Gang und seine aufrechte Haltung.

Unser Denken und Fühlen geben Botschaften an den gesamten Organismus; sie bestimmen somit die Bewegung und das Funktionieren unserer Körpers. Das ist die Verbindung von Körper und Geist bzw. Seele, modern ausgedrückt: die psychosomatische Einheit. Diese Verbindung geht in beide Richtungen, vom Geist zum Körper und vom Körper zum Geist. Durch eine eingesunkene, deprimierte Haltung wird zum Beispiel auch der unglückliche Zustand des Gehirns verschlimmert, wir werden wirklich traurig und mutlos.

Hinzu kommt noch die »geistige Umweltverschmutzung«. Wenn wir den Fernseher einschalten, werden wir in der Regel mit Informationenen überschüttet, die von geringer oder gar keiner Relevanz sind, unser Denkorgan wird Gewaltdarstellungen ausgesetzt und mit Werbung eingelullt. Auch die Straßen sind voller Reklametafeln und grellbunter Schaufenster, die bei uns Sinneseindrücke hinterlassen, welche allein dazu dienen, bei uns unterschwellig Kaufanreize zu schaffen, damit wir noch mehr Waren und Dienstleistungen konsumieren, die wir eigentlich gar nicht brauchen ...

Wenn unsere Augen geöffnet sind, dann wird alles, was in unserem Blickfeld liegt, vom Gehirn entziffert und gespeichert. Gleich, worauf wir gerade schauen, es wird bewusst oder unbewusst registriert. Dies ist für unser Hirn ein ständiger Arbeitsaufwand, zumal es unbewusst das Verlangen hat, alles verstehen zu wollen.

Liest man beispielsweise ein Buch und stößt auf ein Wort, das man nicht kennt und aus dem Zusammenhang nicht verstehen kann, dann merkt man, dass die Augen nicht mehr richtig weiterwollen (falls man keine Möglichkeit hat, den Begriff in einem Wörterbuch nachzuschlagen). Auch wenn wir ein paar Seiten weiter sind, ist ein Teil unseres Gehirns immer noch dabei, die schwierige Stelle zu verstehen. Kehrt man nun dorthin zurück und denkt nach, bis man die Stelle ganz verstanden hat, kann man seine volle Aufmerksamkeit wieder auf die weitere Lektüre richten. So vertritt der Ayurveda denn auch die Auffassung, dass man nicht die geistige Kraft hat, mit neuen Erfahrungen fertig zu werden, wenn das Gehirn die vorangegangen noch nicht verarbeitet hat.

Es ist heute fast unmöglich, irgendwo Stille zu finden. Vor allem als Städter sind wir ständig dem Verkehrslärm, den lauten Geräuschen von Alarmsirenen oder tief fliegenden Flugzeugen ausgesetzt. In den Geschäften hört man ständig Hintergrundmusik, in Bürogebäuden ertönt sie im Aufzug, und bei vielen Telefonanlagen wird sie in der »Warteschleife« eingesetzt.

Bei dem hier empfohlenen Entgiftungs- und Entschlackungsplan erhält das Gehirn vom Körper viele positive Reize. Es gibt eine Vielzahl von Methoden, mit denen man diese positive Stimulierung verstärken kann, sodass man eine gewisse Resistenz gegenüber derartig mehr oder weniger manipulativen Dispositionen entwickelt und sich die »geistigen Schlacken« erst gar nicht ansammeln.

Der Geist und der Verstand benötigen zur Beruhigung und »Entschlackung« Meditation oder Tiefenentspannung. Einige traditionelle vedische Mantren haben eine erstaunliche Heilkraft für den Geist und helfen ihm dabei. Sie sind kraftvolle, harmonisierende Klangschwingungen und unterstützen uns auch bei Konzentrationsschwierigkeiten oder geistiger Erschöpfung.

Musik, Farben und Düfte helfen dem Geist, sich zu entspannen und loszulassen.

Der Geist ist eine organische Einheit, ein Teil der Natur. Er hat seinen eigenen Nahrungskreislauf. Die meisten Menschen achten darauf, wie sie ihren Körper versorgen, wenige aber darauf, wie sie ihren Geist ernähren! Unser natürliches Streben nach Erkenntnis und Weisheit geht unter anderem deshalb häufig in der Suche nach Vergnügungen und Mitteln zur Machtausübung unter. Was ist aber nun die Nahrung, die den Geist ernährt?

Der Ayurveda sagt, dass die Speisen, die wir verzehren, in drei Teile geteilt werden: Ein Drittel wird ausgeschieden (Mala), ein Drittel benötigen wir zum Körperaufbau, und ein Drittel braucht der Geist, um sich zu ernähren.

Die erste Ebene der Geistesnahrung besteht aus den Lebensmitteln, die wir verzehren. Sie liefern die grobstofflichen Elemente: Erde, Wasser, Feuer, Luft und Äther. Die Essenz der verdauten Nahrung baut nicht nur das Gehirn und das Nervengewebe auf, sondern auch die feinstoffliche Materie des Geistes.

Die zweite Ebene der Geistesnahrung besteht aus den Eindrücken und Erfahrungen, die wir über die Sinne aufnehmen. Die Farben, Formen und Geräusche in unserem Umfeld machen die feinstofflichen Elemente aus. Die fünf Sinnesorgane bilden den äußeren Geist (Manas) und haben einen indirekten Einfluss auf das tiefere Bewusstsein (Chitta). Die Sinnesorgane und die Eindrücke färben die Gedanken und beeinflussen unsere Gefühle. Der äußere Geist nimmt geistige und emotionale Eindrücke auf, die am stärksten auf ihn wirken, und zwar entsprechend den Elementen:

- *Äther:* Gehörsinn,
- *Luft:* Tastsinn,
- *Feuer:* Sicht,
- *Wasser:* Geschmack,
- *Erde:* Geruch.

Die »Verdauungsarbeit« des Geistes

Wie gesagt ist nicht nur die Art und Qualität der Speisen wichtig, die wir aufnehmen, sondern auch unsere Fähigkeit, sie zu verarbeiten. Auch wenn wir uns *gut* ernähren, die Verdauung jedoch schlecht ist, können sich Giftstoffe entwickeln. Der Geist hat auch sein eigenes Verdauungsfeuer: die Intelligenz (Buddhi).

Die Aufgabe des Geistes besteht darin, der Seele (Atman) einen Erfahrungshorizont zu bieten und auf ihre Befreiung hinzuwirken. Erfahrungen, die wir verarbeitet oder verstanden haben, geben uns Freiheit und lassen der Wahrnehmung Raum – so wie die Speisen, die wir verdaut haben, Energie freisetzen und Aktivitäten ermöglichen.

Erfahrungen, die wir nicht verarbeiten, werden zu geistigen Giftstoffen und initiieren verschiedene pathologische Veränderungen im Geist, ähnlich den Krankheitsprozessen im physischen Körper, die durch unverdaute Speisen verursacht werden. So, wie gut verdaute Speisen physisches Glück bringen und unverdaute Speisen Beschwerden und Schlacken verursachen, können gut verdaute Erfahrungen geistiges

Glück und Zufriedenheit bringen, schlecht verarbeitete allerdings verursachen geistige Giftstoffe und Störungen.
Der Geist hat sein eigenes Verdauungsmuster, das dem des Körpers gleicht:

- *Manas (äußerer Geist und Sinne) – Quelle der Eindrücke:* Die Sinnesorgane nehmen Eindrücke auf, wie die Hände und der Mund die Speisen annehmen. Diese werden im Manas gesammelt, sortiert aber nicht verdaut. Der Manas entspricht unserem Magen, der die Speisen sammelt, aber noch nicht absorbieren kann.
- *Buddhi (Intelligenz) – die Verdauung der Eindrücke:* Wenn der Manas unsere Eindrücke gesammelt und homogenisiert hat, beginnt die Buddhi, sie zu verarbeiten bzw. zu verdauen. Die Buddhi ist das Verdauungsfeuer oder Agni des Geistes und entspricht auf der körperlichen Ebene dem Dünndarm. Die Buddhi verdaut die Eindrücke und verarbeitet sie zu Erfahrungen, und danach verwandelt sie gegenwärtige Ereignisse in Erinnerungen. Sie befähigt uns, das Sattva-Guna aus den Erfahrungen aufzunehmen und die rajasigen und tamasigen Qualitäten bzw. Anteile auszuscheiden; das heißt, die geistigen Schlacken bzw. die neutralisierten Giftstoffe loszulassen.
- *Chitta (Bewusstsein) – die Absorption der Erfahrungen:* Durch die Buddhi werden unsere Manas verdaut und transformiert, aber noch nicht in unser Chitta als Erfahrungen oder Erinnerungen absorbiert. Diese Erfahrungen beeinflussen die drei Gunas (Qualitäten) unseres Geistes wie Sattva, Rajas und Tamas. Erfahrungen, die das Chitta aufnimmt, werden Teil seiner Substanz, so, wie die verdaute Speise Teil des Körpergewebes wird. Wenn die Erfahrungen nicht richtig verarbeitet wurden, schädigen sie die Geistessubstanz in Form von Schlacken, so, wie unverdaute Speise das Körpergewebe schädigen kann. Erfahrungen, die wir richtig verarbeitet und verdaut haben, hinterlassen

im Geist keine Schlacken, Narben oder Spuren, sondern bringen Frieden, Glück und Klarheit in unser Leben.
- *Ahamkara (geistiges Ego):* Das »Ich-bin-der-Körper-Konzept« wird im Ayurveda als »Ahamkara« bzw. »Ego« bezeichnet. Viele Menschen identifizieren sich vollständig mit ihrem Körper und der Rolle, die sie im Leben spielen. Das Ahamkara ist die ursprüngliche Funktion des Bewusstseins, welches nach außen gerichtet ist und alle Funktionen des Geistes beeinflusst. Das Ahamkara unterscheidet sich stark von unserem wahren »Selbst« (Jivatman). Wenn wir uns vollständig mit unserer Rolle im Leben identfizieren – »Ich habe Besitz, ich mache Karriere, ich bin, was ich mir leisten kann« usw. –, dann vergessen wir langsam unsere wirkliche Identität als spirituelles Wesen, als Seele. Wichtig ist das Verständnis, dass sich Seele, Geist/Gemüt und Körper immer gegenseitig beeinflussen. Wenn wir zum Beispiel ein Leben führen, das einseitig materialistisch geprägt ist, dann wird der Geist unzufrieden, und die Seele leidet.

Goldene Regeln für einen freien Geist

Pranayama (Atemübungen)

Der Ayurveda beschreibt in der Yoga-Praxis sehr viele verschiedene Atemübungen, welche ganz spezifisch eingesetzt werden können. Diese Übungen werden »Pranayama« genannt. Je ruhiger der Atem fließt, desto ruhiger wird auch der Geist. Gedanken, Gefühle, Emotionen kommen zur Ruhe. Dadurch gerät man in einen so genannten Alpha-Zustand von Körper und Geist. Darin geschehen eine effiziente Reinigung von feinstofflichen Schlacken und Heilung auf allen Ebenen.

Hier wird nun eine grundlegende Atemübung beschrieben, die Sie sehr schnell und einfach in Ihren Alltag integrieren können, die sogenannte Wechselatmung:

- Setzen Sie sich bequem und mit geradem Rücken auf einen Stuhl oder in die Ihnen gewohnte Meditationshaltung.
- Nehmen Sie einen tiefen Atemzug, bringen Sie dabei Ihre Wirbelsäule in die Senkrechte und atmen Sie langsam und entspannt aus.
- Führen Sie Zeige- und Mittelfinger der rechten Hand an Ihre Stirn. Berühren Sie mit den Fingerspitzen die Stelle zwischen Ihren Augenbrauen, das so genannte dritte Auge.
- Nun können Sie ganz entspannt mit Ihrem Daumen das rechte Nasenloch und mit Ihrem Ringfinger das linke verschließen.
- Atmen Sie mit dem linken Nasenloch tief ein, während Sie das rechte mit dem Daumen verschließen. Die Ausatmung erfolgt durch das rechte Nasenloch, während Sie das linke mit dem Ringfinger verschließen.
- Dann atmen Sie durch das rechte Nasenloch ein, das linke verschlossen, und durch das linke aus, während Sie das rechte wieder verschlossen haben.
- Dies wiederholen Sie etwa 5 Minuten.
- Sie sollten sich dabei auf das Ein- und Ausströmen Ihres Atems durch die Nase konzentrieren. Beobachten Sie, wie die Luft an den Nasenflügeln vorbeiströmt. Atmen Sie ruhig und gelassen ohne Anspannung oder bewusste Steuerung Ihres Atems. Folgen Sie Ihrem persönlichen natürlichen Atemrhythmus und beobachten Sie, was Sie tun.

Diese ist eine der wichtigsten Atemübungen. Sie gleicht die beiden Hauptenergiekanäle Ida und Pingala an der Wirbelsäule aus und harmonisiert dadurch die Energieversorgung der linken und rechten Körperhälfte.

Eine weitere sehr gute Atemübung, die Sie wie eine Meditation üben können, ist die »So-Ham«-Atmung:

- Hierfür setzen Sie sich wiederum in entspannter Haltung hin oder in die Ihnen gewohnte Meditationshaltung. Die

Hände liegen entspannt mit den Handflächen nach oben auf den Oberschenkeln.
- Atmen Sie gleichmäßig und tief ein und aus. Dabei denken Sie bei der Einatmung »So« und bei der Ausatmung »Ham«. »So« – »Ham«. Immer im Wechsel.
- Konzentrieren Sie sich auf diese beiden Silben und lassen Sie alle anderen Gedanken, die ihnen dabei kommen sollten, los. Kehren Sie immer zu den beiden Silben zurück. Sie verbinden sich dadurch mit Ihrem innersten Wesenskern, dem tiefsten Aspekt Ihrer Existenz.

Meditation (Reinigung und Entspannung des Geistes)

Im Ayurveda ist Meditation eine der wichtigsten Gesundheitsmaßnahmen, um den Ausgleich der Doshas dauerhaft zu stabilisieren.

Aus ayurvedischer Sicht haben die Schlackenstoffe und Unreinheiten des Körpers ihr geistiges Pendant beispielsweise in der Gier, dem Neid, der Eifersucht, dem zwanghaften Verhalten oder den ständigen Selbstzweifeln – negative »Gefühle«, die uns oft genug zu schaffen machen. Werden diese Einstellungen nicht aufgelöst oder überwunden, lagern auch sie sich ab und wirken ähnlich übel wie chemische Giftstoffe. Der Ayurveda bezeichnet die negativen Denk- und Gefühlsmuster deshalb auch als »geistiges Ama«.

Meditation ist eine höchst wirkungsvolle Methode, um den Geist von Ama zu befreien und den Körper in einen Zustand der Tiefenentspannung zu versetzen. Sie stellt eine Möglichkeit dar, die Doshas von dieser Position her zu harmonisieren.

Das jahrtausendealte Wissen um die Wirkung der Meditation wird heutzutage durch wissenschaftliche Studien bestätigt. So konnte beispielsweise nachgewiesen werden, dass regelmäßiges Meditieren körperliche Vorgänge wie die Herz-Kreislauf- und Atemfunktionen positiv beeinflusst und somit zur Verringerung von Krankheitsrisiken beiträgt.

Ähnlich positive Effekte ließen sich auch auf die Seele nachweisen: Durch die allgemeine Steigerung des psychischen Wohlbefindens werden negative Reaktionsmuster überwunden, und die Umsetzung positiver Persönlichkeitseigenschaften wie Ich-Stärke und Toleranz wird angeregt.

Wenn Sie keine oder noch wenig Meditationserfahrung haben, können Sie die sach- und fachkundige Unterstützung eines erfahrenen Lehrers nutzen. Die folgende Übung ist nicht als Einführung in die Praxis der Meditation gedacht, Sie erhalten aber einen ersten Eindruck und die Möglichkeit, es zu Hause einmal in aller Ruhe auszuprobieren (meditieren Sie 10 bis 15 Minuten lang):

- Sie sitzen auf einem Stuhl oder im »Schneidersitz« (Lotussitz) auf dem Boden. Wenn Sie Letzteren ohne Schwierigkeiten beherrschen, ist dieser ideal, um zu meditieren.
- Wichtig ist, dass Sie bequem und aufrecht sitzen. Halten Sie Ihre Wirbelsäule gerade.
- Ihre Hände liegen mit den Handflächen nach oben auf Ihren Oberschenkeln. Die Hände sind wie Schalen geformt, jedoch locker und unverkrampft. Damit sie bequem aufliegen, können Sie ein kleines Kissen auf den Schoß legen.
- Schließen Sie die Augen, und atmen Sie fünfmal tief aus und ein. Versuchen Sie, innerlich ruhig zu werden.
- Atmen Sie gleichmäßig weiter, und atmen Sie aus mit dem Wort »loslassen« im Sinn. Wenn Alltagsgedanken aufsteigen, lassen Sie sie ziehen. Halten Sie an keinem Gedanken fest, und vermeiden Sie es, das innere Geschehen zu bewerten. Ihre Gedanken können einfach kommen und gehen ...
- Atmen Sie langsam und ungezwungen. Bei jedem Ausatmen denken Sie wieder: »Loslassen.«
- Körper und Geist sind völlig entspannt. Ihre Aufmerksamkeit ist vollkommen nach innen gerichtet.
- Versuchen Sie nicht, zu steuern oder gar zu kontrollieren. Denken Sie nur an das Wort »loslassen«.

- Nach einer Weile nehmen Sie einen tiefen Atemzug.
- Öffnen Sie die Augen, und lassen Sie sich noch ein wenig Zeit zum Ausruhen und Verarbeiten Ihrer Eindrücke.

Die Kraft des positiven Denkens

»Die Kraft des positiven Denkens«, das hört sich recht pathetisch, wenn nicht sogar phraseologisch und klischeehaft an, aber die Bekräftigung und Wiederholung von positivem Gedankengut können in der Praxis eine große und heilbringende Umstimmungskraft haben. Sich ein Motto oder einen Merkvers zurechtzulegen und diese dann tagsüber des Öfteren zu wiederholen, ist ein probates und sehr wirksames Verfahren, sich ein neues und besseres geistiges Verhaltensmuster anzueignen.

Der Körper versucht immer, das zu beweisen, was man als wahr ansieht, und diese Wahrheit zu manifestieren. Schon der oft empfohlene Satz »Es geht mir jeden Tag besser und besser« wäre ein gutes Beispiel für eine solche Bekräftigungsformel oder einen positiven Leitspruch. Wenn Sie sich Ihr eigenes individuelles Motto häufig wiederholen, dann konzentriert sich Ihr Geist durch die ständige Repetition darauf und beeinflusst den Körper positiv.

Mantren

In der vedischen Zeit, als man Religion und Wissenschaft noch nicht so strikt trennte, war in der ayurvedischen Behandlung die Unterstützung mit Mantren – also mit Klangschwingungen – ein fester Bestandteil der Therapie. Auch heute noch gibt es in Indien traditionelle Ayurveda-Ärzte, die Heil-Mantren zur Unterstützung von Entschlackung, Ausleitungs- und Reinigungsmaßnahmen einsetzen. Die Mantren helfen vor allem, den unruhigen, ruhelosen Geist zu besänftigen. Mantren sind psychisches und spirituelles Yoga.

Sie wirken unterstützend, wenn die feinergetische Dimension des Menschen betroffen ist.

Eben weil der Geist feinstofflich ist, »schläft« er, anders als der materielle Körper, nicht. Im Gegenteil, im Schlaf hat er eine intensivere Verbindung zum Unterbewusstsein und arbeitet viel von dem auf, was wir tagsüber verdrängen. Dies können wir beispielsweise als Träume erfahren. Das heißt aber auch, dass, je mehr wir tagsüber beiseite schieben und unerledigt lassen, der Geist desto mehr während der Nacht zu tun hat. Diese Zeit sollte eigentlich der körperlichen Regeneration dienen. Wenn der Geist aber viel aufarbeiten muss, ist der Schlaf umso unruhiger. Das gilt besonders, wenn er unerfreuliche Dinge wie Angst, Schuld, Streit und erduldetes oder begangenes Unrecht zu kompensieren hat!

Ein Mantra ist nun, sehr vereinfacht ausgedrückt, ein »Geistbefreier«, »das, was den Geist schützt«. Es hilft, dass er sich seiner Ruhelosigkeit entledigt, aber auch der negativen Schwingungen wie Sorgen, mentale Anspannung und schlechte Denkweise. Vom wahren Wesen her sind alle Menschen göttliche Seelen, von denen viele jedoch durch die »Bedeckung« mit dem materiellen, grobstofflichen Körper das Bewusstsein für ihre Göttlichkeit »vergessen« haben.

Durch die Arbeit mit Mantren wird also unser spirituelles Bewusstsein nach und nach wiedererweckt und uns unsere Beziehung zum Göttlichen erneut bewusst. Wenn dadurch der Glaube wieder stark wird und man sich von »einer höheren Macht« beschützt und behütet fühlt, so stärkt dies unsere Abwehrkräfte und damit die Gesundheit. Dabei ist es nebensächlich, welcher Religion jemand angehört und mit welchem Namen man Gott bezeichnet und anspricht.

Diese Schwingungen sind in der Lage, unser Bewusstsein zu verändern.

Des Weiteren bekommen wir mit den Mantren ein Mittel in die Hand, ungünstige Zustände, wie etwa Stress, Traurigkeit oder aufgestaute Wut, auszugleichen und Schlacken abzubauen.

Mittels Mantren können wir uns mental und emotional stärken sowie ausbalancieren und so etwas für unsere Gesundheit tun, und zwar körperlich und geistig entschlacken.

Ideale Zeiten für die Mantra-Meditation sind der frühe Morgen oder die Abenddämmerung. Zur Unterstützung eines Entschlackungsprogramms wird empfohlen, zweimal am Tag für mindestens 10 Minuten mit Mantren zu meditieren.

Die wichtigsten und machtvollsten vedischen Heil-Mantren sind das Om-, das Gayatri- und das Annapurna-Mantra. Es gibt zahlreiche Berichte von erstaunlichen Heilerfolgen dank deren Einsatz:

- *Der Urlaut »Om«* ist der Klang des Pranas und unserer Seele. »Om« weckt und öffnet die positiven Kräfte in uns. er wird immer lang gesprochen, also: »Ooooooommm.«
- *Das Gayatri-Mantra* ist eine Anrufung an die Sonne als Quelle unserer Lebenskraft. Es wird sowohl zur Erweckung unseres spirituellen Bewusstseins als auch zur Stärkung der körperlichen Heilkräfte angewendet. Die wirkungsvollste Weise, mit diesem Mantra zu arbeiten, ist die stille Meditation. Hierbei wird das Mantra leise wiederholt, wobei man darauf achten muss, dass sich keine anderen Gedanken ins Bewusstsein schieben und die Meditation stören: »Om bhu bhuvah svaha tat savitur varenyam bhargo devasya dhimahi dhiyo yo nah praco dayade om.« Es existieren verschiedene Übersetzungen dieses Mantras, eine der heute häufigsten lautet etwa: »Mögen wir meditieren über das leuchtende Licht dessen, der anbetungswürdig ist und alle Welten geschaffen hat. Möge er unseren Geist auf die Wahrheit lenken!«
- *Das Annapurna-Mantra* ist ein Gebet oder eine Anrufung an die Göttin Annapurna – die Nahrungsspenderin –, die um Schutz vor Unglück, Krankheit oder frühen Tod bittet: »Annapurne sadapurne shankhar pranvallabhe nyanwairagya sidhyarta bhishan dehiche parvati.«

Es gibt in der ayurvedischen Medizin eine Gottheit, die »Lord Dhanvantari« genannt wird und als die »göttliche Kraft der Medizin und der Heilung« verehrt wird. Die einfachste Form, Lord Dhanvantari zu verehren und ihn um Schutz und Gesundheit zu bitten, ist das folgende Mantra: »Om hrim Dhanvantaraye namaha.«

Visualisation

Beim Visualisieren bedient man sich der Vorstellungskraft, um innere Bilder zu erzeugen, die heilend wirken. Man kann sich das vorstellen als einen Film, der im Kopf abläuft. In den Bildern tritt man gewöhnlich selbst als eine der Hauptpersonen auf, und mit einiger Übung können sich diese Imaginationen zu regelrecht sinnlichen Erfahrungen ausweiten. Man wird dann jene Projektionen als so stark und lebensecht erfahren, dass man in der Lage ist, sie nicht nur zu sehen, sondern sie auch zu ertasten, zu riechen und sogar zu schmecken.
Visualisierungen kann man vergleichen mit Phantasien oder Tagträumen, aber mit dem Unterschied, dass sie zweckgerichtet sind. Es ist ratsam, sich dafür genug Zeit zu nehmen und sich zum Beispiel in einen besonderen Sessel zu setzen. Mit der Betonung auf Entspannung und Erneuerung stellen Sie sich einmal vor, dass Sie in der Sonne liegen und fühlen, wie die Strahlen zuerst wohlig Ihre Haut erwärmen und dann tiefer in Sie eindringen. Oder Sie sehen sich am Meeresufer entlanggehen und mit den Füßen im Wasser der auslaufenden Brandung spielen.
Einige lieben es, sich Notizen über diese Reisen ins Reich der Phantasie zu machen. Vielleicht mögen Sie auch einige der Szenen malen oder mit Worten skizzieren.
Diese Technik hat sich nicht nur bei der Steigerung der Fähigkeit, loszulassen, bewährt, sondern ebenso bei der Stimulation des Immunsystems und bei der Heilung von Krankheiten. Sie können sich zum Beispiel vorstellen, dass sich ganze Armeen

von Infektbekämpfern in Bewegung setzen und als Schutzwall in und um Ihren Körper gruppieren. Oder Sie imaginieren kleine Luftperlen, die von Ihrem Solarplexus aufsteigen und zu den Körperstellen wandern, die krank sind und schmerzen, um die benötigte Heilenergie dorthin zu bringen.

Schlaf

Der Schlaf, während dessen nicht nur viele physische Entschlackungsvorgänge geschehen, bietet die wichtigste Erholung für Körper, Seele und Geist. Ein gesunder und regelmäßiger Schlaf ist besonders notwendig, weil während dieser Phase die äußere Welt ausgeschlossen wird und wir zur inneren Welt des Bewusstseins zurückkehren. Eindrücke werden durch den feinstofflichen Geist aktiviert und tauchen in Form von Träumen auf. Meist werden die vorherrschenden Impressionen des Alltags beleuchtet, aber manchmal kommen auch tiefere Erfahrungen aus der Vergangenheit hoch. Das Bewusstsein in seiner reinen Funktion verleiht einen friedvollen, tiefen Schlaf. Wenn es durch einen hektischen und stressigen Tag gestört wird, schafft es schlechte Träume und einen ruhelosen Schlaf.

Das Abendessen sollte bis 19 Uhr eingenommen werden und leicht verdaulich sein, dann wird der Schlaf nicht durch die Verdauung gestört.

Am besten ist der Schlaf zwischen 22 und 5 Uhr, wobei Vata-Typen am längsten in den Federn bleiben sollten, etwa 9 Stunden, Pitta-Menschen dagegen reichen 8 Stunden, während Kapha-Typen maximal 7 Stunden benötigen.

Am Tag sollte bis auf wenige Ausnahmen grundsätzlich nicht geschlafen werden. Ausnahme sind Senioren, Geschwächte und Kinder sowie Menschen, die aus anderen Gründen erschöpft sind.

Kapha-Typen sollten tagsüber nie schlafen. Vata- und Pitta-Typen können sich um die Mittagszeit kurz hinlegen. Nachts wach zu bleiben, ist ungesund, da es vor allem das Vata, aber auch das Pitta-Dosha erhöht. Der Geist wird unruhig und kommt aus dem natürlichen Gleichgewicht.

Im Schlaf ist der aufbauende Stoffwechsel aktiv, es werden vom Blut gelieferte Nährstoffe zum Zellaufbau verwendet und angefallene Schlacken ausgeschieden.

Vor dem Schlafengehen ist eine Entspannung durch Yoga, Meditation, Hören von harmonischer Musik oder ein Entspannungsbad wichtig. Störfaktoren wie Fernseher und andere elektrische Geräte sollten nicht im Schlafzimmer stehen, ziehen Sie zumindest den Stecker heraus. Es ist einen Versuch wert.

Persönliche Hingabe

Die größte Kraft im Universum ist das, was auch als das »siebte Gewürz« bezeichnet wird. Es ist das würzigste und kräftigste, das wir kennen. Das, was den Tee von der liebevoll besorgten Mutter für das kranke Kind zum großen Heilmittel macht. Das, was Genesenden früher mit der guten alten Hühnersuppe wieder auf die Beine half. Das, was die Menschen immer wieder in dasselbe einfache Restaurant zieht, weil es so liebevoll geführt wird. Was man im Urlaub in einer herzlichen Gastfreundschaft findet oder einfach im Lächeln der Verkäuferin an der Kasse des Supermarkts – die Liebe.

Liebe ist im Ayurveda das allumfassende Prinzip. Die Ursache für alle Manifestation. Die umfassend bewirkende Kraft. Anfang wie Ziel aller Evolution. Sie wird beschrieben, besungen, bedichtet und gepriesen in allen Religionen und Regionen der Welt. Sie ist der Kern und auch das verbindende Element jeder Glaubensrichtung.

Es ist nicht wichtig, in welcher Form wir uns wünschen, diese Kraft zu erfahren und in unser Leben zu integrieren. Bedeutsam ist nur, *dass* wir unser Leben damit würzen.

Ein hervorragendes Mittel, dies zu üben, ist die persönliche

Hingabe bei dem, was wir tun. Wenn wir mit voller Aufmerksamkeit bei einer Sache sind, etwas mit Freude tun, sind wir im Hier und Jetzt. Im Hier und Jetzt ist der Geist entschlackt. Alles Nebensächliche wird im hingebungsvollen Tun unwichtig. Der Geist ist bei einer Sache, frei von ablenkenden Gedanken.
Oft sind wir mit unseren Gedanken gleichzeitig bei mehreren Dingen. Doch wir können uns darin üben, dies wahrzunehmen und uns auf das zu konzentrieren, was wir gerade tun. Voller Achtsamkeit und Hingabe bei dem zu sein, was in dem Moment des Jetzt ist.
Üben Sie zum Beispiel einmal, achtsam und aufmerksam eine Zwiebel zu schälen. Wenn Sie sie auseinandernehmen, stellen Sie sich vor, wie Sie Schicht für Schicht symbolisch für die Schlacken des Lebens lösen, und zwar eine nach der anderen. Zwischendurch darf ruhig eine Träne fließen. Und am Ende kommen Sie beim Kern an – ihrer Seele.
Beim Kochen kann es sehr motivierend sein, wenn man andere bewirten darf. Falls Sie also Freunde einladen oder für Ihre Familie kochen, ist man oft motivierter, schöne Sachen auszuprobieren und mit Liebe und Hingabe zu kochen.
Später beim Essen ist man dann gemeinsam ganz präsent bei der Erfahrung des Geschmack, Geruchs und der Konsistenz des guten Essens. Jeder wird sich freuen und dankbar sein. Und bei der Verdauung kommt die Liebe bei der Seele an.
Eine andere schöne Übung kann das Bogenschießen sein. Um das Ziel zu treffen, müssen Sie vollkommen darauf konzentriert sein. Wenn Sie ganz bei Ihrem Ziel sind und dann die Anspannung loslassen, wird der Pfeil sehr wahrscheinlich ins Schwarze treffen. Das ist eine sehr anschauliche Methode, um die Bedeutung des Loslassens zu erleben.
Ein Mönch hat einst auf die Frage nach dem Geheimnis seines Glücks geantwortet: »Wenn ich esse, esse ich. Wenn ich schlafe, schlafe ich. Wenn ich gehe, gehe ich. Wenn spreche, spreche ich. Das ist alles.«

Machen Sie einmal die folgende Übung, um zu lernen, stets im Augenblick und ganz bei der Sache zu sein:

- Morgens nach dem Aufwachen bleiben Sie noch kurz liegen. Begrüßen und bedanken Sie sich für den neuen Tag, der vor Ihnen liegt. Planen Sie dann seinen Ablauf. Stellen Sie sich möglichst genau vor, was Sie heute erledigen und erleben werden. Was Sie wann tun, welche Menschen Sie treffen und wie diese Begegnungen verlaufen werden. Machen Sie sich ein genaues und positives Bild, und nehmen Sie sich vor, für diesen einen Tag heute zu leben. Dann stehen Sie auf und gehen ans Werk.
- Am Abend können Sie das Geschehene kurz Revue passieren lassen. Schauen Sie sich an, was auf welche Art und Weise getan wurde und passiert ist. Sollte irgendetwas nicht so verlaufen sein, wie Sie es sich gewünscht haben, dann stellen Sie sich die Situation so vor, wie Sie besser verlaufen wäre. Lassen Sie dann den vergangenen Tag los, und freuen Sie sich auf den nächsten.

Mit diesen Maßnahmen reinigen und entschlacken Sie Ihren Geist und Ihr Gemüt. Je mehr Übung Sie darin entwickeln, umso mehr werden Sie lernen, im Jetzt zu sein. Und desto intensiver bereichern Sie Ihr Leben mit dem »siebten Gewürz« und verbreiten seinen Duft in der ganzen Welt.

Abhyanga – Ganzkörper-Ölmassagen für sich selbst

Massagen unterstützen Ihr Entgiftungsprogramm sehr effizient. Bei regelmäßigen Anwendungen merken Sie, wie sich Ihr Körper langsam positiv verändert – er entspannt und beruhigt sich nachhaltig. Eine Massage facht die Hitze im Körper an und bringt ihn dazu, seine Abfallprodukte wirksamer auszuschwemmen.

Folgende Utensilien sollten Sie für die Ölmassagen bereithalten (achten Sie bei allen Textilien darauf, dass sie in die Kochwäsche können):

- 100 ml Sesamöl pro Person.
- Abwaschbare Badesandalen, in die man nach der Massage mit den öligen Füßen hineinschlüpft – so rutscht man nicht aus, und der Boden bleibt sauber.
- Eine Küchenrolle zum Abdecken des Bodens und zum Abwischen.
- Ein mildes Babyshampoo zum Abduschen. So lässt sich das Öl besonders leicht entfernen.
- Ein altes Leintuch oder einen Bademantel sowie eine Kopfbedeckung, zum Beispiel ein Tuch.
- Für die Erwärmung des Öls: eine Glasflasche oder ein Schraubglas, worin 1 Tasse Massageöl Platz findet. Darin wird das Öl im Wasserbad erwärmt
- 2 Baumwollhandtücher.
- Ein älteres Baumwolllaken zum Unterlegen.

Massagen sind das »i-Tüpfelchen« der Kur im eigenen Zuhause. Mit Ganzkörperanwendungen verwöhnt man sich am Wochenende, im Urlaub, aber auch im Alltag, wenn man die nötige Zeit dafür erübrigen kann.

Morgens vor dem Duschen oder abends vor dem Zubettgehen ist die ideale Zeit für eine Ölmassage. Beginnen Sie mit dem Kopf. Tragen Sie etwas Sesamöl, das Sie vorher im Wasserbad erwärmt haben, auf den Scheitel auf und verreiben Sie es mit der flachen Hand. Danach ölen Sie das Gesicht ein, indem Sie das Öl sanft in Richtung Ohren nach außen streichen. Massieren Sie mit sanftem Druck die Ohren mehrmals von den Ohrläppchen aus hinauf zu den Ohrmuscheln und wieder hinunter. Dann streichen Sie das Öl von den Ohren aus ins Gesicht. Vergessen Sie dabei nicht, die Öffnungen von Nase und Ohren mit etwas Öl zu benetzen. Massieren Sie das Gesicht in streichenden Bewegungen von der Nasenwurzel in sanftem Schwung in Richtung Ohren. Einmal über den Augenbrauen und ebenfalls unter den Augen entlang. Zum Abschluss der Behandlung des Gesichts massieren Sie sanft mit dem Zeigefinger leicht kreisend das so genannte »Dritte Auge« – das ist die Stelle oberhalb der Nase zwischen den Augenbrauen.

Nun massieren Sie etwas Öl mit kreisartigen Bewegungen in den Bauchbereich ein, und zwar rund um den Nabel im Uhrzeigersinn. Vergrößern Sie die Kreise mit der Zeit, sodass der gesamte Dickdarm mitmassiert wird. Falls Sie an gewissen Punkten Schmerzen fühlen, bleiben Sie kurz an diesen Stellen und massieren Sie sie vorsichtig mit leichtem Druck. Durch die Bauchmassage lösen Sie Verhärtungen im Darmbereich und fördern Ihre Verdauung.

Anschließend folgen der Brustbereich und die Arme. Bei den Armen achten Sie darauf, dass Sie immer mit etwas Druck von der Körpermitte wegmassieren. Genauso verfahren Sie mit den Beinen. Wenn Sie unter Krampfadern leiden, sollten Sie bei den Beinen sehr vorsichtig und ohne Druck arbeiten. Vergessen Sie nicht, am Ende auch Ihre Fußsohlen einzuölen.

Den Rücken schließlich lassen Sie sich am besten von Ihrem Partner massieren. Falls dies nicht möglich ist, betrachten Sie es als gute »Schulterübung« und versuchen Sie, das Öl so weit wie möglich aufzutragen. Die Streichrichtung sollte auch hier am besten in Richtung Kopf und Schulter gehen.

Nach der Ölmassage sollten Sie sich immer ausruhen, entspannen, warm halten und gut in Decken einhüllen. Bei warmem Wetter können Sie sich, geschützt von einem Tuch, auch auf den Balkon setzen und für etwa 20 Minuten schwitzen und das Öl einwirken lassen. Ein Sonnenbad fördert die

Transpiration und die Entgiftungsvorgänge. Es ist wichtig, dabei eine Kopfbedeckung zu tragen.

Ein warmes Bad im Anschluss ist besonders für Vata-Konstitutionen und vor allem an kalten Tagen sehr förderlich. Vor dem Duschen wischen Sie dann mit einem Papiertuch grob das Öl vom Körper ab, damit es den Abfluss nicht verstopft. Sie können trockenes Kichererbsenmehl oder Kichererbsenmehlpaste, für die Sie das Mehl mit etwas Milch oder Wasser anrühren, zum Entfernen des Öls beim Duschen verwenden. Dies erhöht die Geschmeidigkeit der Haut. Mit einem milden Babyshampoo lässt sich das Öl unter warmem Wasser leicht abduschen.

Sesamöl ist das am häufigsten angewandte Öl im Ayurveda. Es ist am stärksten und aufbauendsten und dringt am tiefsten in den Körper ein. Es ist das Öl für Vata-Dosha, aber es senkt auch Kapha-Dosha. Seine Qualität ist süß und zusammenziehend, seine Wirkung erwärmend, aufbauend und heilend. Es dringt selbst in die allerfeinsten Körperkanäle und löst dadurch Blockaden und Giftstoffe.

Schweißtreibend: Die Sauna

In der Ayurveda-Behandlung wird auch mit Svedana gearbeitet. Das ist die Transpiration in einer Schwitzkabine, in welcher der gesamte Körper in einem Dampfbad sitzt, während der Kopf aus einer Öffnung herausschaut.

Diese Methode ist sehr verträglich für den Kreislauf, da der Kopf nicht der Hitze ausgesetzt ist. Allerdings findet man solche Schwitzkabinen fast ausschließlich in Ayurveda-Behandlungszentren, weshalb ein »normaler« Saunabesuch eine gute und sinnvolle Alternative ist.

Es kann sein, dass in den ersten Tagen der Ölmassage ein gewisses Schweregefühl auftritt. Das kommt durch die vom Öl gelösten Schlacken- und Giftstoffe im Blut, die dann mit dem Schwitzen ausgeschieden werden. Man kann diesen Reinigungsvorgang unterstützen durch das Trinken heißen Wassers oder Kräutertees sowie durch die Bewegung an frischer Luft mit einer Belastung, die Sie zum Schwitzen bringt. Wollen Sie über mehrere Tage Ölmassagen genießen, so ist es sinnvoll, den Stoffwechsel und die Ausscheidung zusätzlich durch Triphala-Churna zu unterstützen.

Pancha Karma – Die »fünf Heilbehandlungen«

Der Begriff »Pancha Karma« setzt sich aus zwei Sanskritwörtern zusammen und bedeutet »fünf Heilbehandlungen«. Das Pancha Karma ist die wichtigste physische Reinigungsmethode des Ayurveda. Aufgrund seiner feinstofflichen Natur hat dieser Vorgang auch einen tiefen Einfluss auf das Nervensystem.
Pancha Karma hilft bei psychologischen Problemen, die durch eine Unausgewogenheit (Überschuss) bei den drei Doshas verursacht werden, kann aber auch bei psychologischen Problemen angewendet werden, die durch innere Faktoren und Emotionen verursacht sind. Die fünf Hauptbehandlungen sind die folgenden:

- *Vamana:* therapeutisches Erbrechen zur Entfernung von zu viel Kapha. Gut bei der Behandlung von Depressionen, Trauer und Festhalten.
- *Virechana:* therapeutisches Abführen zur Entfernung von zu viel Pitta. Gut in der Auseinandersetzung mit Zorn, Wut und Aggression.

- *Basti:* therapeutischer Einlauf zur Entfernung von zu viel Vata. Hilft bei der Behandlung von Angstzuständen, Zittern, Furcht, Schlaflosigkeit und Störungen des Nervensystems.
- *Nasya:* Nasenreinigung, löst die Gifte aus dem Kopf. Gut bei Kopfschmerzen, Migräne, Allergien und Schlaflosigkeit.
- *Rakta-Moksha:* Blutreinigung zur Entfernung von Blutproblemen, generell zur Senkung von Pitta.

Bei einer Pancha-Karma-Kur kommen nicht immer alle fünf Behandlungsmethoden zur Anwendung. Es hängt davon ab, welche Doshas gestört sind. Damit diese Methoden gut funktionieren, müssen die Doshas erst zu den Orten gebracht werden, an denen sie aus dem Körper entfernt werden können:

- *Vata* zum Dickdarm,
- *Pitta* zum Dünndarm und
- *Kapha* zum Magen.

Dies braucht eine gewisse Zeit, im Allgemeinen mindestens zehn Tage, in denen täglich eine Ölmassage (Abhyanga) und eine Dampfbehandlung (Svedana) durchgeführt werden. Abhyanga und Svedana lösen die Gifte in den tieferen Körpergeweben und lassen sie zur Ausscheidung in den Magen-Darm-Trakt zurückfließen.
Pancha Karma wird in ayurvedischen Zentren und Kliniken angeboten und sollte in Fällen, in denen eine tiefere Entschlackung notwendig ist, auf jeden Fall angewendet werden.

Teil III
Rezepte zum Entschlacken

Von der Reinheit, dem Gebet und der Liebe

Reinheit bei der Zubereitung des Essens spielt eine große Rolle. Jedes Gemüse sollte gründlich gewaschen werden, bevor man beginnt, es zu schälen oder zu putzen. Bei manchen Sorten, wie zum Beispiel Brokkoli oder Blumenkohl, ist es ratsam, es zunächst für einige Minuten mit dem »Kopf« nach unten in Salzwasser zu legen, damit eventuell vorhandene Kleinlebewesen aus ihnen herausfallen. Kartoffeln sollten Sie, falls sie eine einigermaßen zarte Schale besitzen, nicht schälen, weil mit der Schale die besten Inhaltsstoffe entfernt würden.

Für Äpfel, Birnen und anderes Schalenobst gilt dasselbe. Es ist gut, sie vor dem Genuss ein- bis zweimal warm abzuspülen, danach kalt. Da vor allem die Leber Stoffe, die direkt unter der Schale liegen, unbedingt benötigt, ist es besser, die Frucht ganz zu essen, obwohl ihr sicherlich selbst nach dem Waschen noch Giftstoffe oder radioaktive Strahlung anhaften können.

Auch die innere Reinheit desjenigen, der das Gericht zubereitet, ist von großer Bedeutung für die Bekömmlichkeit; denn während der Zubereitung übertragen sich feinstoffliche Schwingungen von ihm auf die Speise, die der Genießende später aufnehmen und verarbeiten muss.

Die Gedanken haben viel Kraft, sie wirken wie Wurfgeschosse auf die Person, der sie gelten, aber sie kommen mit noch größerer Intensität zu ihrem Urheber zurück.

Im Mahabharata, einem der größten Heldenepen, das uralt ist, aber auch heute noch nichts von seiner Gültigkeit eingebüßt hat, heißt es: »Durch Sanftmut besiege man den Zornigen, durch Güte den Bösen, durch Spenden den Geizhals, durch Wahrheit den Lügner.« In jeder Stunde, ja, in jeder Minute haben wir alle die Möglichkeit, in diesem Sinne etwas Gutes zu tun, im guten Geist zu handeln. Das ist die Chance für uns. Erst wenn wir beginnen, unser Tun dergestalt zu hinterfragen, sind wir auf dem richtigen Weg der Veränderung hin zum Positiven.

> »Ich schlief und träumte, das Leben sei Freude.
> Ich erwachte und sah, das Leben war Pflicht.
> Ich handelte, und siehe, die Pflicht war Freude.«
> *Rabindranath Tagore*

Heutzutage sind viele Lebensmittel durch alle möglichen chemischen Produkte kontaminiert. Selbst unser tägliches Brot, jahrtausendelang mit Mehl, Wasser und Salz gebacken, wird heute großenteils nur noch mithilfe einer Vielzahl chemischer Mittel produziert. Wenn sie nur Geschäfte machen und Geld verdienen, kümmern sich zahlreiche Zeitgenossen wenig darum, dass andere von ihrem Tun vergiftet werden können!

Trotzdem hängt viel von uns selbst ab, ob und wie die Lebensmittel von unserem Organismus angenommen werden. So haben auch Gebete und Segnungen vor den Mahlzeiten die Aufgabe, die Nahrung günstig zu beeinflussen und sie auf die Assimilation vorzubereiten.

Worte und Gesten der Segnung umgeben die Nahrung mit einer gewissen Ausstrahlung, umhüllen sie mit Schwingungen, welche sie mit den Menschen in Harmonie bringt, die sie essen werden; auf solche Weise können die subtilen Körper sich der Nahrung anpassen und die wertvollen Stoffe aufnehmen, die sie enthält.

Früher betete man vor einer Mahlzeit, um Gott seine Dankbarkeit auszudrücken. Man braucht sich aber keinem Glauben zuzuwenden, um seine Seele zu berühren. Nur eine ernsthafte Zwiesprache sollte man mit sich selbst führen, mit seiner verborgenen Seite, dem Empfindungsleben, jenem Dasein, das jenseits der Oberfläche liegt.

Die Küche ist ein wunderbarer Ort. Der Herd steht zur Verfügung, die Kochtöpfe sind in den Regalen, die Kochlöffel in der Schublade. Alles liegt an seinem Platz. Betrachten Sie sich niemals als »Besitzer« der Küche. Fühlen Sie sich vielmehr wie ein Gast, der zum Kochen eingeladen ist. Die Geräte wie auch die Nahrungsmittel, die zubereitet werden, sind nicht Ihr »Eigentum«. Sie stehen nur für eine vorübergehende Zeit zur Verfügung. Bitte bewahren Sie diese achtsame Haltung mit innerem Bewusstsein. Dann werden Sie die Nahrung mit Phantasie und reinen Gedanken bereiten können.

Durch den Kochprozess quellen die Speisen, und das volle Korn schlüsselt sich dadurch noch besser auf. All diese Prozesse laufen nach einer natürlichen Ordnung ab. Sie werden durch die dienenden Hände des Kochs zur rechten Zeit in Bewegung gesetzt. Die Aufmerksamkeit für die zu verrichtenden Arbeiten wird von Liebe begleitet. Das Kochen ist ganz klar eine künstlerische Tätigkeit, eine Arbeit mit Seele, und erfordert die Kraft, die Nahrung nicht in Besitz zu nehmen, sondern sie mit der Weisheit eines Gastgebers der Hitze und dem Wasser zu übergeben, sodass alle fünf Elemente für sich arbeiten können und sich das Essen nicht aus der persönlichen, sondern aus der göttlichen Fügung bereitet.

Die Integration und Umsetzung im Alltag

Es gibt viele Möglichkeiten, die in diesem Buch dargestellten Hinweise in den Alltag zu integrieren. In erster Linie sollten Sie sich nicht überfordern. Versuchen Sie, die Dinge Stück für Stück in Ihrem Leben zu verändern.
Je nachdem, was Ihre Motivation oder der Grund für das Lesen dieses Buchs ist, werden sich unterschiedliche Herangehensweisen anbieten.
Sollten Sie sich für diese Lektüre entschieden haben, weil Sie gern etwas Gewicht reduzieren wollen, dann ist es natürlich gut, mit einer Ernährungsumstellung zu beginnen und diese mit einer Entschlackungskur einzuleiten. Sie können dann während der Kur anfangen, Bewegung in Ihren Alltag zu integrieren, und ganz nebenbei Ihre Wohnung »entschlacken«. Dann können Sie Schritt für Schritt weitere Dinge umsetzen.
Vielleicht steht für Sie der Entschlackungs- und Entgiftungsaspekt im Vordergrund. Dann ist es sehr hilfreich, dieses Buch gut durchzuarbeiten und genau darauf zu achten, wo Sie sich angesprochen fühlen. Es kann gut sein, dass Ihnen durch die Lektüre ein Lebensbereich ins Bewusstsein rückt, den Sie etwas vernachlässigt haben. Diesen sollten Sie dann als Erstes angehen.
Manchmal ist es eine große Hilfe und auch sehr unterhaltsam und anregend, solch ein Buch mit einem guten Freund oder einer guten Freundin zusammen zu lesen. Wenn man sich dann austauscht, ist das Gegenüber oft ein wertvoller Hinweisgeber für Dinge, die man selbst gern übersieht. Und natürlich macht es sehr viel Spaß, mit Freunden zusammen viele neue und wohlschmeckende Gerichte auszuprobieren.
»Das Gleichgewicht von Stoffwechsel, Verdauung, Körpergewebe und Ausscheidungen sowie die Glückseligkeit von Bewusstheit, Geist und Sinnen sind die Voraussetzungen für

Gesundheit.« Dieses Zitat von Susruta, dem großen Ayurveda-Chirurgen, hebt die Bedeutung des Kochens und der Freude für unsere Gesundheit und unser Wohlbefinden noch einmal hervor.

Kochen ist ein heiliger und heilender Akt. Wenn Sie kochen, haben Sie am Wohlbefinden, der Sättigung und der Vitalität Ihrer selbst und Ihrer Mitmenschen teil. Es lohnt sich also, diesem kreativen Prozess zu folgen. Je mehr Aufmerksamkeit Sie ihm schenken, umso mehr positive Resultate werden Sie verzeichnen können.

Auf praktischer Ebene bedeutet dies, dass Sie einen sauberen Arbeitsbereich und eine entsprechende Ausstattung brauchen. Zum ayurvedischen Kochen benötigt man nicht viele oder komplizierte Gegenstände. In der Übersicht finden Sie eine Grundausstattung.

Grundausstattung und Vorbereitungen zum Kochen

- 1 bis 2 schwere Bratpfannen mit Deckel; gut sind Pfannen aus Eisen,
- 1 kleine Bratpfanne mit Deckel; gleichfalls aus Eisen,
- 1 bis 3 mittelgroße Kasserollen mit Deckel (Edelstahl, Eisen, emailliert),
- 1 großer Topf (für 6 bis 8 Liter) mit Deckel,
- 1 Dampfdrucktopf (für 4 bis 6 Liter),
- 1 Dämpftopf aus rostfreiem Stahl,
- 2 Schüsseln zum Mischen,
- 2 Messbecher (für ½ Liter)
- 2 Messlöffel aus rostfreiem Stahl,
- 2 bis 3 große Löffel aus rostfreiem Stahl/Holz zum Mischen und Servieren,
- 1 Suppenkelle,
- 1 beschichtete Pfanne,

- 1 Nudelholz,
- 1 Waage,
- 1 Metallsieb,
- 1 Mörser sowie
- Mixer und Mixstab.

Es macht aber auch nichts, wenn Sie nur eine Kasserolle und eine Warmhalteplatte haben, denn mit diesen beiden Gegenständen können Sie bereits viele Gerichte zaubern. Sie brauchen für die ayurvedische Zubereitung keine reichhaltige, stilvolle Ausstattung – weit wichtiger ist es, bewusst zu kochen und zu wissen, wie man reine Zutaten anwendet.

Gleich, welches unserer Rezepte Sie nachkochen möchten, Sie benötigen lediglich alle Zutaten und die notwendige Zeit. Für die Zubereitung der meisten Gerichte brauchen Sie etwa 30 Minuten, nur einige Speisen erfordern einen Zeitaufwand von mehreren Stunden.

In der nächsten Übersicht finden Sie eine Liste, welche die Grundausstattung für die Zubereitung ayurvedischer Rezepte enthält. Wenn Sie häufig ayurvedisch kochen möchten, gibt Ihnen ein Vorrat dieser Zutaten größere Flexibilität, ohne dass Sie jedes Mal extra ins Geschäft gehen müssen. Kaufen Sie alle Gemüse, Kräuter sowie Früchte aber jeweils frisch ein und die Gewürze, wenn möglich, im Ganzen, weil das Aroma intensiver ist. Ayurvedische Gewürze und Churnas erhalten Sie in asiatischen Lebensmittelgeschäften oder im Ayurveda-Versand.

Zutaten: die Grundausstattung

- Ajwain,
- Amchur,
- Anis,
- Anardana,
- Asa foetida,
- Berberitzenbeeren,
- Bockshornkleesamen und Blätter (methi),
- Curryblätter, frisch oder getrocknet,
- Fenchelsamen,
- Garam-Masala,
- Ghee,
- Ingwer, frisch und gemahlen,
- Jaggery,
- Jollytee-Mischung,
- grüne Kardamomkapseln, ganz,
- Kokoscreme oder -milch und -flocken,
- Koriander, Samen und frische Blätter,
- Korma-Masala (fertige Gewürzmischung),
- Kreuzkümmel, ganz,
- Kurkuma (Gelbwurz),
- Lorbeerblätter, frisch oder getrocknet,
- Mangopüree,
- Muskatnuss (mit Muskatreibe),
- Nelken, ganz,
- Papaddam,
- Reis, Basmati und Vollkorn,
- Rosenwasser,
- Senfkörner, schwarz,
- Stein- oder Meersalz,
- Tamarinde, ganz, Paste oder Sirup,
- Tandoori-Masala,

- Tridosha-(Laxmi-)Currymischung (geeignet für alle drei Dosha-Typen,
- verschiedene Churnas (Vata, Pitta und Kapha),
- verschiedene Linsen und Hülsenfrüchte,
- verschiedene Masalas,
- verschiedene Öle,
- Zimt, gemahlen.

Alle Rezepte sind für 1 bis 2 Personen berechnet. Die Zutaten erhalten Sie in Supermärkten, in Asia- und Bioläden, Reformhäusern oder über den Versandhandel.

Gewürze – Heil- und Wirkungsweise

Das Königreich der Gewürze und Pflanzen ist die reichste Rohstoffquelle unserer Erde, die zu vielen nützlichen Produkten wie Essen, Holz, Kleidung und zu vielen anderen materiellen und kulturellen Erzeugnissen weiterverarbeitet wird. Der tropische Wald repräsentiert mit seiner Artenvielfalt eines der komplexesten und dynamischsten Ökosysteme. Speziell Indien beherbergt einen der tropischen Regenwälder der Welt, der mit einer reichen Fauna und Flora gesegnet ist. Die Wälder Indiens sind ein »gut sortiertes Warenhaus« für medizinische und aromatische Pflanzen. Etwa ein Viertel der Rohstoffe, die zur Medizin- und Parfümherstellung weltweit verwendet werden, sind in Indien in ihrer natürlichen Form vorhanden.

Der einzigartige Geschmack der exotischen Gewürze wie Ingwer, Kardamom und Zimt lenkte die Aufmerksamkeit der

Abendländer schon in der Antike auf Indien. Das angenehme Aroma des Kardamoms, der Königin der Gewürze, die leuchtend gelbe Färbung der Kurkuma (Gelbwurz) und die Schärfe des Ingwers und Pfeffers werden rund um die Welt sehr geschätzt.

In Indien werden zahlreiche dieser Gewürze seit vielen Jahrhunderten im Ayurveda und in der traditionellen Medizin einzelner Volksstämme verwendet. Die Anwendung jener Heilkräuter im Ayurveda hängt vom Geschmack, von der Potenz und der Wirkung für die Verdauung, von der vorliegenden Krankheit und Konstitution der Person ab. Jede Pflanze ist dieser Theorie entsprechend klassifiziert worden: ob sie süß, sauer, salzig, bitter, scharf oder herb (zusammenziehend) ist; ob sie schwer oder leicht, trocken oder ölig, ob der Geschmack wärmend oder kühlend ist.

Einfach nur Kardamom, Ingwer, Zimt, Pfeffer, Knoblauch, Bockshornklee, Kurkuma usw. zu verwenden, ohne ihre Eigenschaften, ihre Wirkung auf Krankheit oder Konstitution zu kennen, würde also nur »indisch kochen« bedeuten!

Es folgt deshalb im Anschluss die Auflistung einiger Gewürze und Kräuter, die gewöhnlich in der Küche zum Einsatz kommen, mit ihren ayurvedischen Eigenschaften und ihrem medizinischen Wert.

Anfangs mag es unlogisch erscheinen, dass verschiedene Heilpflanzen bzw. Gewürze bei ähnlichen oder den gleichen Krankheiten zum Einsatz kommen. Doch werden die Pflanzen ja entsprechend den unterschiedlichen Symptomen von Vata, Pitta und Kapha und analog der Konstitution des betroffenen »Patienten« angewendet. Wenn wir Ingwer allen Menschen, die unter Bauchschmerzen leiden, gäben, kämen wir nicht zum Erfolg. Die Wirkung auf das Dosha und die Eigenschaften der Pflanzen werden Ihnen ein Verständnis davon vermitteln, in welchem Fall die verschiedenen Gewächse wirken.

> »Aus der Erde kamen Kräuter,
> Aus den Kräutern kam der Same,
> Der den Menschen das Leben gab.«
> *Upanishad*

Geschmack und Wirkung ausgesuchter Gewürze und Kräuter

- *Ajwain:* scharf, bitter, reduziert Kapha; gut für die Bronchien, gegen Krämpfe und Blähungen.
- *Anis:* scharf, reduziert Vata; blähungslindernd, beruhigt den Darm und ist verdauungsanregend. Anis und Fenchel sollte man nach dem Essen kauen.
- *Asa foetida:* scharf, reduziert Vata und Kapha, verstärkt Pitta; darmanregend, unterstützt die Darmflora, blähungsreduzierend, regt Agni an.
- *Bockshornkleesamen:* bitter, scharf, süß, reduzieren Vata und Kapha, stärkt Pitta; gut bei Schwäche oder Stress, Husten und Bronchitis, nervenstärkend, verjüngend.
- *Chilischoten:* scharf, reduzieren Kapha; speichern viel Sonnenenergie; regen die Verdauung und den Kreislauf an. Chilischoten haben eine rajasische Wirkung, sie können Entzündungen verstärken!
- *Curryblätter:* bitter, scharf, reduzieren Kapha und Pitta; blutreinigend, stimulieren die Bauchspeicheldrüse.
- *Fenchel:* süß, scharf, Vata, Pitta und Kapha ausgleichend; stärkt die Verdauung, blähungsreduzierend, hilft bei Darmkrämpfen, nervenberuhigend, schlaffördernd.
- *Ingwer:* scharf und süß, reduziert Kapha; wirkt im Winter wärmend, regt Verdauung und Appetit an, unterstützt die Darmflora, wirkt keimtötend, löst Verschleimungen im Atemsystem. Ingwer unterstützt alle Doshas, wirkt sattvisch, beruhigt speziell Vata.

- *Kardamom:* süß, scharf, reduziert alle Doshas; Stärkungsmittel, galleanregend, kräftigt Herz und Gedächtnis, harntreibend, gutes Hustenmittel, reinigt Atem, reduziert Schleim im Magen. Kardamom wirkt sattvisch. Man sollte die Samen kauen.
- *Knoblauch:* alle Rasa bis auf sauer, reduziert Vata und Kapha, stärkt Pitta; senkt Blutdruck und Cholesterin, hilft bei Rheuma, reduziert Ama. Knoblauch wirkt rajasisch und tamasisch, wirkt aufbauend für alle Doshas.
- *Koriander:* getrocknet scharf und bitter, frische Blätter süß, bitter und scharf, reduziert Pitta; entzündungshemmend im Magen-Darm-System sowie in den Harnwegen, verdauungsfördernd, appetitanregend. Frische Blätter mit Ingwer und Kreuzkümmel helfen bei fiebrigen Erkrankungen. Der Same ist herzstärkend, die Paste wird gegen Rheumatismus eingesetzt.
- *Kreuzkümmel:* scharf, bitter, gut für Vata; stärkt Agni, blähungsreduzierend, schmerzstillend, harntreibend, verdauungsanregend, gut gegen Darmträgheit, anregend und blutreinigend.
- *Kurkuma/Gelbwurz:* scharf, bitter, herb, gut vor allem für Vata; appetitanregend, blähungsreduzierend, reguliert Darmflora, reinigt Chakras, desinfiziert innerlich und äußerlich, sehr gut zur Wundbehandlung, zum Färben als Safranersatz, energiespendend.
- *Nelken:* bitter, scharf, beruhigen Vata; gut bei Erkältungen, Zahnschmerzen, Grippe und Husten, helfen bei Lymphproblemen.
- *Pfeffer:* scharf, regt Agni und Pitta an. Pfeffer mit Honig befreit von Schleim, reduziert Kapha, verbrennt Ama; sollte immer als »Rohkost« genossen werden. Wirkt sattvisch.
- *Senfsamen:* scharf, bitter, herb, reduziert Kapha und Vata; minimiert Schleim und Schweiß, trocknet Geschwüre aus, fördert geistige Ruhe und Klarheit, beruhigt das Herz, gut bei Halsschmerzen.

- *Zimt:* scharf, bitter, beruhigt Vata; sehr erhitzend, appetitanregend, erwärmt Nieren, regt Harnausscheidung an, ebenso Kreislauf und Durchblutung, wirkt sattvisch.

> »Freue dich über deine inneren Kräfte,
> Denn sie sind es, die Ganzheit
> Und Heiligkeit in dir erschaffen.«
> *Hippokrates*

Die Herstellung von Ghee, Churnas und Masalas

Wichtige frische Kräuter in der ayurvedischen Medizin bzw. Küche sind Basilikum, Dill, Estragon, Kresse, Korianderblätter, Liebstöckel, Majoran, Oregano, Petersilie, Pfefferminze, Rosmarin, Salbei und Thymian.

Die wichtigsten ayurvedischen Gewürze sind Ajwain, Anis, Amchur (getrocknetes Mangopulver), Asa foetida, Bockshornkleeblätter, Bockshornkleesamen, Chili, Curryblätter, Fenchelsamen, Gewürznelken, Ingwer, Kardamom, Koriandersamen, Kreuzkümmel, Kümmel, Kurkuma (Gelbwurz), Knoblauch, Macis, Muskat, Pfefferkörner, Safran, Senfkörner, Schwarzkümmel, Tamarinde und Zimt.

Ihr Aroma ist am intensivsten, wenn sie nicht als Pulver, sondern im Ganzen gekauft werden. Manche Gewürze – zum Beispiel Ajwain, Anis, Bockshornkleesamen, Fenchel, Kreuzkümmel, Koriander, Pfeffer und Senfkörner – werden zuerst angeröstet und dann im Gericht mitgekocht.

Die meisten ganzen Gewürze kann man in einer Kaffeemühle zu Pulver mahlen bzw. in einem Mörser zerstoßen.

Ghee (reines Butterfett)

Ghee gehört zu den wichtigsten Lebensmitteln in der ayurvedischen Küche sowie in der Medizin – es wird hoch geschätzt wegen seiner Heilwirkung.

Zur Herstellung geben Sie 250 g frische Butter in einen Topf mit dickem Boden. Bei mittlerer Hitze schmelzen und zum Kochen bringen. Es beginnen sich Schaum und Blasen zu bilden. Die Hitze reduzieren, das Ghee aber weiterköcheln lassen und dabei nicht umrühren. Nach etwa 12 bis 15 Minuten sollte sich ein leicht brauner Bodensatz – das Eiweiß – gebildet haben.

Das Ghee selbst ist goldgelb klar und duftet nussig. Ghee ist fertig, wenn alle Flüssigkeit verdampft ist (zirka 25 Prozent der Butter besteht aus Wasser). Zum Testen geben Sie ein paar Tropfen Wasser auf das Ghee. Wenn das Zischen nach wenigen Sekunden aufhört, ist es fertig.

Ein Metallsieb mit Küchenpapier auslegen und das Ghee in ein Gefäß filtern, wobei die Rückstände im Papier bleiben. Abkühlen lassen. In einem dunklen Glas oder Tongefäß kühl und dunkel aufbewahrt, hält sich Ghee mehrere Monate ohne Lagerung im Kühlschrank. Man sollte es aber immer mit einem sauberen und trockenen Löffel entnehmen, sonst kann es zu Schimmelbildung kommen.

> »Stärke ist der Sitz der Gesundheit
> Und sollte daher mit allen Mitteln
> Aufrechterhalten werden.«
>
> *Charaka*

Phodni oder Tadka (das Anrösten von Gewürzen)

Die Sanskritwörter »Phodni« oder »Tadka« bedeuten das Anrösten von ganzen Gewürzen. Die Vorgehensweise ist wichtig, damit die ätherischen Öle freigesetzt werden:

- Topf auf den Herd stellen und auf starke Hitze schalten, Ghee oder Öl zufügen und erhitzen.
- Ganze Gewürze unter Rühren hineingeben, sofort Hitze reduzieren, warten, bis sie platzen.
- Je nach Rezept nun Zwiebeln, Ingwer, Knoblauch etc. zufügen, unter Rühren andünsten. Den weiteren Rezeptangaben folgen.

Die einzelnen Schritte der Zubereitung sind bei den meisten Rezepten grundsätzlich gleich. Am besten lesen Sie erst einmal das ganze Rezept, damit Sie wissen, was auf Sie zukommt.
Sie erhitzen also etwas Ghee oder Öl in einem Topf oder einer Pfanne und fügen die Gewürze – nur als ganze Körner – hinzu. Diese platzen sprichwörtlich. Geben Sie nun die nächsten Zutaten in den Topf. Oft sind das Zwiebeln, Gemüse, Getreide oder Fleisch. Dann folgen die gemahlenen Gewürze und Flüssigkeit. Meistens sind das Gelbwurz, gemahlener Ingwer, Masala, Koriander, Fenchel oder eine Currymischung.

Wichtig

Das Weglassen von Chili, Kreuzkümmel, Zwiebeln oder Knoblauch ist empfohlen für stillende Mütter, Kinder und empfindsame Mägen.

Unter Rühren mischen Sie nun gründlich die Gewürze und anderen Zutaten, damit alles gleichmäßig gewürzt wird. Das ist wichtig für die Verbesserung der Verdauung.
Schließlich folgen nochmals die Flüssigkeiten, falls solche zum Rezept gehören, und es wird erneut leicht umgerührt.
Zum Schluss abschmecken und garnieren.
Salzen Sie die Speisen sparsam; oft ist Salz durch andere Gewürze oder frische Kräuter zu ersetzen. Bei erhöhtem Vata sollten Sie mehr, bei Pitta-Dominanz mäßig und bei zu viel Kapha gar nicht oder ganz wenig salzen.

Wichtig

Nur Kapha-Geprägte brauchen Schärfe. Bei einer Vata- oder Pitta-Dominanz würzen Sie milder und zurückhaltender.

Churnas (Pulver)

Ohne Churnas ist die ayurvedische Küche kaum vorstellbar. Sie werden traditionell in einem Mörser hergestellt.
Diese würzigen Pulver können Sie selbst zubereiten. Die Zutaten erhalten Sie in Asia-Märkten oder über den Ayurveda-Versand. Kreieren Sie Ihr persönliches Konstitutionsgewürz! Die Churnas gibt es aber auch fertig zu kaufen.

Kapha-Churna, indisch-ayurvedisch
Je 1 EL
Ingwer, gemahlen
Kurkuma
Ajwain
Anis
Bockshornkleeblätter
Chili, getrocknet, ganz

Kreuzkümmel
Nelken
Pfefferkörner, schwarz
Senfkörner, schwarz

Die Pfanne erwärmen. Außer Ingwer und Kurkuma alle Gewürze zufügen und 5 Minuten bei geringer Hitze langsam rösten, dabei umrühren. 1 Stunde offen abkühlen lassen.
Danach in einem Mörser, Mixer oder in der Kaffeemühle alle Gewürze gut mahlen. Anschließend Ingwer und Kurkuma daruntermischen. In einem dunklen, gut verschließbaren Gefäß aufbewahren. Zum Essen brauchen Sie 1 Messerspitze bis ¼ TL pro Person und Portion.

Kapha-Churna, westlich-ayurvedisch
Je 1 EL
Muskatnuss, gemahlen
Cayennepfeffer
Galgant
Estragon
Kümmel
Oregano
Pfefferkörner, weiß
Piment, ganz
Thymian
Wacholderbeeren

Pfanne erwärmen, außer Muskat alle Gewürze 5 Minuten langsam unter Rühren rösten. 1 Stunde abkühlen lassen.
Gut mahlen wie vorher beschrieben. Muskat zumischen. In einem dunklen, gut verschließbaren Gefäß aufbewahren.

Pitta-Churna, indisch-ayurvedisch
Je 1 EL
Curryblätter
Fenchel
Kardamom, ganz

Kreuzkümmel
Koriandersamen
Ingwer, gemahlen
Kurkuma

Pfanne erwärmen. Alle Gewürze außer Ingwer und Kurkuma zufügen und 5 Minuten langsam rösten. 2 Minuten offen abkühlen lassen.

Danach in einem Mörser oder Mixer alle Gewürze gut mahlen. Ingwer und Kurkuma daruntermischen. In einem dunklen, gut schließbaren Gefäß aufbewahren.

Pitta-Churna, westlich-ayurvedisch
Je 1 EL
Basilikum
Dill
Kümmel
Pfefferminze
Pfeffer, schwarz
Rosmarin
Zimt

Pfanne erwärmen. Alle Gewürze 1 Minute bei geringer Hitze unter Rühren rösten. 2 Minuten abkühlen lassen. Gut mahlen wie oben beschrieben.

Vata-Churna, indisch-ayurvedisch
¼ EL Asa foetida
¼ EL Knoblauchpulver
¼ EL Kurkuma
1 EL Bockshornkleesamen
1 EL Fenchel
1 EL Kardamom
1 EL Nelken
1 EL Senfkörner, schwarz
1 EL Ingwer, gemahlen

Pfanne erwärmen. Bockshornkleesamen, Fenchel, Kardamom,

Nelken und Senfkörner 5 Minuten langsam rösten, dabei umrühren. 45 Minuten offen abkühlen lassen.
Danach gut vermahlen. Die restlichen Gewürze daruntermischen. In einem dunklen, gut verschließbaren Gefäß aufbewahren.

Vata-Churna, westlich-ayurvedisch
4 Lorbeerblätter
Je 1 EL
Anis
Basilikum
Kümmel
Majoran
Oregano
Piment

Pfanne erwärmen. Alle Gewürze zufügen und 15 Sekunden unter Rühren rösten. 30 Minuten offen abkühlen lassen. Gut mahlen und lagern wie oben beschrieben.

Trikatu
Pfeffer, schwarz
Ingwerpulver
Langpfeffer

Zu gleichen Teilen mischen. Vor den Mahlzeiten 1 Messerspitze mit ½ Glas warmem Wasser einnehmen. Dies ist eine Agni-steigernde Mischung. Langpfeffer (Piper longum) erhält man im Ayurveda-Versand.

Triphala-Churna
Dieser Mix, den man als Fertigprodukt beziehen kann, besteht aus den Gewürzen Amalaki, Haritaki und Bibhitaka.
Triphala reinigt den Darm und wirkt leicht abführend. Man nimmt vor dem Schlafengehen ½ bis 1 TL in 1 Glas warmem Wasser verdünnt ein.

Masalas (Gewürzmischungen)

Fast jedes ayurvedische Hauptgericht erhält seinen Geschmack von einem ausgeprägten Masala. Es gibt Hunderte fertig zu kaufende Masalas. Sie lassen sich aber leicht zu Hause herstellen; in Indien hat jeder Haushalt sein eigenes Rezept für Masalas.

Saraswat-Masala

Diese Mischung ist hellbraun, und ihr Duft erinnert an Holzrauch. Sie gibt den Speisen ein Aroma, wie es Fleisch auf dem Holzkohlengrill bekommt. Es schmeckt scharf mit einem bitteren Nachgeschmack. Die Mischung wird immer der jeweiligen Hauptzutat zugegeben.

3 TL Koriandersamen
4 Nelken
1 TL Pfefferkörner, schwarz
3 cm Zimtstange
1 TL Kreuzkümmel
6 Curryblätter, getrocknet
2 EL halbierte Kichererbsen (Chana Dal)
3 EL halbierte und geschälte schwarze Linsen (Urid Dal)
2 EL Kokosflocken
1 EL Ghee

Alle Zutaten in Ghee braten, bis die Linsen dunkelbraun sind und sich ein reiches Holzrauch-Aroma entfaltet. Abkühlen lassen und im Mixer zu Pulver zermahlen. Innerhalb von 2 Wochen verbrauchen.

Pancha Poren (Fünf-Gewürz-Mischung)

Diese Mischung können Sie leicht herstellen und aufbewahren. In vielen Rezepten werden Sie einzelne Gewürze durch diese Mischung ersetzen.

Pancha Poren wird beim Kochen von Gemüse oder Hülsen-

früchten vorher ins heiße Ghee oder Öl gegeben. Wenn die Gewürze zu platzen beginnen, werden die restlichen Zutaten hinzugefügt.
Obwohl es Pancha Poren fertig gibt, kann man es auch zu Hause mischen. Der Geschmack ist scharf-bitter-süß.

Kreuzkümmelsamen
Fenchelsamen
Bockshornkleesamen
Senfkörner, schwarz
Schwarzkümmelsamen
Alle Zutaten zu gleichen Teilen mischen.

Annapurna-Masala
2 EL Sesam, ungeschält
2 TL Koriandersamen
1 TL Senfkörner
4 Sternanis
½ TL Kurkuma
¼ TL Chilipulver
¼ TL Amchur
Alle ganzen Gewürze ohne Fett rösten, bis sie rauchen. Abkühlen lassen. In einem Mixer mahlen und mit den anderen Zutaten mischen.

Goda-Masala
Das Goda-Masala ist ein schwarzes, stark aromatisches Pulver mit einer wie gebrannt schmeckenden Süße. Es kann vor oder nach der Hauptzutat zugefügt werden.

4 Kardamomkapseln
1 cm Zimtstange
4 Nelken
3 Lorbeerblätter
1 TL Sonnenblumenöl

4 TL Sesam, ungeschält
3 TL Koriandersamen
5 TL Kokosflocken
8 Pfefferkörner, schwarz
¼ TL Muskatnusspulver
2 TL Ajwain

Kardamomkapseln von der Schale befreien. Zimt, Nelken, Kardamom und Lorbeerblätter in warmem Öl kurz braten, bis die Nelken aufquellen.

Die restlichen Zutaten ohne Fett bei geringer Hitze rösten, bis die Kokosflocken dunkelbraun sind. Abkühlen lassen und fein mahlen. 1 Woche haltbar.

Tandoori-Masala

Diese Gewürzmischung hat ein sehr würziges Aroma. Der Geschmack ist scharf, salzig und sauer. Kommerziell hergestelltes Tandoori-Masala ist oft durch zugefügte Farbe hellrot und färbt deshalb die Speisen tieforange. Tandoori-Masala kann vor oder zusammen mit der Hauptzutat zum heißen Ghee gegeben werden. Hier eine Version von Tandoori-Masala:

3 TL Koriandersamen
2 cm Zimtstange
2 TL Kreuzkümmel
6 Nelken
1 Chilischote, getrocknet
1 TL Ingwerpulver
1 TL Kurkuma
1 TL Knoblauchpulver
1 TL Muskatblütenpulver
1 TL Paprikapulver
1 TL Salz

Alle ganzen Gewürze ohne Fett rösten, bis sie rauchen. Abkühlen lassen und mit den pulverisierten Gewürzen in einem Mixer mahlen.

Garam-Masala

Garam-Masala wird je nach Gericht ganz oder gemahlen verwendet. Das Pulver ist relativ grob und tabakbraun. Garam-Masala hat ein reiches, feuriges Aroma und schmeckt scharf und würzig. Es kann in unterschiedlichen Phasen des Kochens zugegeben werden. In heißem Fett entwickelt es einen würzigen Geschmack von Gebratenem. Gibt man es zur Hauptzutat, hat es einen aromatischen, auf kalte Salate oder Joghurt gestreut einen würzigen Aromahauch. Hier ein Grundrezept:

2 Nelken
2 TL Fenchelsamen
6 Pfefferkörner, schwarz
6 Kardamomkapseln, enthülst
3 Lorbeerblätter
2 TL Kreuzkümmel
1 TL Schwarzkümmel
1 TL Bockshornkleesamen

Alle Gewürze im Mixer mahlen.

Himalaya-Masala

1 TL Amchur
1 TL Granatapfelpulver
1 TL Chilipulver
1 TL Bockshornkleesamen
1 TL Kurkuma
1 TL Knoblauchpulver
1 EL Hirseflocken
½ TL Himalaya-Salz

Die Gewürze sowie Hirseflocken bei mittlerer Hitze unter Rühren 2 Minuten trocken anrösten. Abkühlen lassen und mit Salz vermischen.

Kailash-Masala

4 EL Koriandersamen
1 EL Kreuzkümmel
1 TL Ajwain
2 TL Kichererbsenmehl
4 TL Dinkelmehl
½ TL Chilipulver
½ TL Zimt
¼ TL Asa foetida
4 TL Ingwerpulver

Die ganzen Gewürze 5 Minuten bei mittlerer Hitze unter Rühren trocken anrösten. Abkühlen lassen und in einem Mörser oder einer Kaffeemühle vermahlen. Dann die restlichen gemahlenen Gewürze daruntermischen.

Jollytee-Masala

1 TL Ajwain
4 TL Fenchelsamen
4 TL Koriandersamen
4 Kardamomkapseln
3 Nelken
3 cm Zimtstange
2 EL Ingwerpulver

Die ganzen Gewürze 5 Minuten bei mittlerer Hitze unter Rühren trocken anrösten. Abkühlen lassen und in einem Mörser oder einer Kaffeemühle vermahlen. Ingwerpulver zumischen.

Harolikar-Masala

4 Nelken
¼ TL Muskatnusspulver
1 TL Piment
2 TL Senfkörner, schwarz
4 Chilischoten
2 TL Steinsalz

2 EL Kokosflocken

Die Gewürze (außer Chili und Salz) sowie die Kokosflocken 5 Minuten bei mittlerer Hitze unter Rühren trocken anrösten. Abkühlen lassen. Chilischoten dazumischen und in einem Mörser oder einer Kaffeemühle vermahlen. Steinsalz daruntermischen.

Joshi-Masala
2 EL Bockshornkleeblätter
1 TL Kümmel
4 Wacholderbeeren
4 Sternanis
1 TL Pfefferkörner, schwarz
1 TL Kümmel
2 EL Minzpulver
2 TL Ingwerpulver
2 TL Majoran
1 TL Basilikum

Die ganzen Gewürze 5 Minuten bei mittlerer Hitze unter Rühren trocken anrösten. Abkühlen lassen und in einem Mörser oder einer Kaffeemühle vermahlen. Restliche Kräuter und gemahlene Gewürze daruntermischen.

Tridosha-Currymischung (Laxmi-Currymischung)
Geeignet für alle Konstitutionen. Enthält alle sechs Geschmacksrichtungen.
1 EL Kreuzkümmel
1 EL Senfkörner
1 EL Ajwain
1 EL Bockshornkleeblätter
1 EL Fenchelsamen
1 EL Koriandersamen
2 Chilischoten, getrocknet (ersatzweise 1 TL Chilipulver)
1 TL Pfefferkörner, schwarz
3 Lorbeerblätter

3 EL Kokosflocken
1 EL Ingwer, gemahlen
1 EL Kurkuma
¼ TL Asa foetida
1 TL Amchur
1 TL Steinsalz

Die ganzen Gewürze, Lorbeerblätter sowie Kokosflocken 5 Minuten bei mittlerer Hitze unter Rühren trocken anrösten. Angeröstete Gewürze abkühlen lassen. In einer Kaffeemühle mahlen. Die restlichen gemahlenen Gewürze daruntermischen.

Tipp

Es ist besser, kleine Mengen zuzubereiten. Aroma und Wirkung sind stärker. Nach sechsmonatiger oder längerer Lagerung nimmt die positive Wirkung schnell ab.

Die Vorbereitung der Entschlackungstage

Falls Sie sich entschließen, eine Entschlackungskur durchzuführen, wie sie nachfolgend beschrieben wird, ist es sehr hilfreich und unterstützend für den Erfolg, wenn Sie im Vorfeld einige Dinge beachten.

Sie sollten Ihren Körper und Ihren Geist darauf vorbereiten, dass Sie Altes loslassen und Räume für Neues schaffen möchten.

Mit einer Entschlackung soll grundsätzlich eine Befreiung des Stoffwechsels und des Geistes geschehen. Zusätzlich will man eine konstitutionsgerechte Harmonisierung der fünf

Elemente Erde, Wasser, Feuer, Luft und Äther innerhalb der Doshas erreichen.

Dies kann, wie beschrieben, auf unterschiedlichen Ebenen geschehen. Sie sollten versuchen, möglichst viele davon in Ihren Alltag zu integrieren.

Allgemein gelten für jede Konstitution einige grundsätzliche Regeln zur Vorbereitung einer Entschlackungskur. Sie sollten also 1 bis 2 Wochen vor der Kur Folgendes beachten:

- Bevorzugen Sie warmes und leichtes Essen in Form von Suppen, Gemüse und Getreide.
- Gehen Sie schonend mit Gemüse um: Kochen Sie es bissfest!
- Essen Sie möglichst nur frisch zubereitete Mahlzeiten.
- Verwenden Sie nur frisches, reifes Obst.
- Für Obst und Gemüse gilt: je frischer, desto besser. Möglichst saisonal, aus der Region und aus ökologischem Anbau.
- Vermeiden Sie jede Art von industriell gefertigter Nahrung und Tiefgefrorenes.
- Reduzieren oder vermeiden Sie Milchprodukte. In Ausnahmen sind Schaf-oder Ziegenmilchprodukte besser.
- Streichen Sie weißen Zucker! Erlaubt sind in kleinsten Mengen Vollrohrzucker, kaltgeschleuderter, möglichst ein Jahr alter Honig, Ahornsirup, Apfel-Birnen- und/oder Agavendicksaft.
- Reduzieren Sie den Genuss von Brot auf ein Minimum.
- Vermeiden Sie Produkte aus Weizen, besser sind glutenfreie oder -arme Getreide wie Hirse, Reis, Reisflocken, Polenta und viel Wurzelgemüse.
- Reduzieren Sie bei Ihren Mahlzeiten den Fleisch- und Fischanteil, oder lassen Sie beides ganz weg.
- Verzehren Sie Nüsse und Samen nur in kleinen Mengen.
- Sehr kalte Speisen und Getränke, fermentierte Nahrungsmittel wie Essig, Käse oder Alkohol sollten Sie ganz von Ihrem Speiseplan bannen.

- Reduzieren, besser meiden Sie alle Arten von Genussgiften.
- Essen Sie nur, wenn Sie Hunger haben; hungern sollten Sie aber nicht.
- Sorgen Sie für ausreichend Ruhe, Entspannung und Schlaf.

Diese Regeln können Sie auch im »ganz normalen« Alltag anwenden, um Ihren Körper vor der täglichen Verschlackung zu schützen. Außerdem werden Sie feststellen, dass Sie sich besonders nach einer Kur mit dieser Art der Ernährung leichter, konzentrations- und leistungsfähiger, allgemein besser fühlen werden.

Allgemeine Ernährungsregeln und ayurvedisches Entschlacken

Was sich im Makrokosmos, im gesamten Universum, zeigt, läuft auch im Mikrokosmos des Menschen ab. Deshalb sollten wir bei der Ernährung auf den Tages- bzw. Jahreszeitenrhythmus achten. Wenn die Sonne am höchsten steht, dann befindet sich auch unsere Verdauungssonne am Zenit, unser Agni brennt zwischen 10 und 14 Uhr am stärksten. Der Rhythmus der Jahreszeiten beeinflusst unsere Ernährung ebenfalls: Wir essen im heißen Sommer eher kühlende, leichte Speisen, im Winter bevorzugt erwärmende und schwerere Nahrungsmittel, die dem Körper auch mehr Kraft geben. Denn dann brennt das Feuer wegen des kalten, rauen Klimas besonders stark, und wir können deshalb fast alles verbrennen.

Wie gesagt schlägt der Ayurveda den Krankheitszuständen und der Konstitution entsprechend eine individuelle Ernährung vor. Eine Mahlzeit sollte vollständig verdaut sein, bevor wir die nächste zu uns nehmen (mindestens 3 bis 6 Stunden); das heißt, wir vermeiden Zwischenmahlzeiten, essen also erst, wenn wir hungrig sind:

- *Frühstück:* Die Stunden zwischen 6 und 10 Uhr sind von Kapha dominiert, deshalb ist auch das Verdauungsfeuer reduziert, und wir fühlen uns noch nicht so kraftvoll. Deshalb sollten wir unseren Körper auch nicht gleich mit einem schweren Essen belasten. Am besten frühstücken Sie erst nach dem Stuhlgang – ansonsten erst mal fasten. Das Frühstück sollte leicht sein und den Stoffwechsel durch eine kleine leichte Mahlzeit anregen: Getreidebrei aus Hafer, Reis oder Polenta. Oder frische Früchte mit einem heißen Getränk. Wir können das Frühstück aber auch weglassen – wenn Kapha sehr stark ist.
- *Mittagessen (erste Hauptmahlzeit):* Dies ist die wichtigste Mahlzeit am Tag. Zwischen 10 und 14 Uhr sind Pitta und auch das Verdauungsfeuer (Agni) am stärksten, wir sollten guten Brennstoff in das Feuer werfen und sanft entgiften. Wir können nun besser als zu jeder anderen Zeit auch schwer verdauliche Nahrungsmittel wie Kohl, Rohkost, Hülsenfrüchte, Fleisch oder Fette verwerten. Nach der ayurvedischen Ernährungslehre sollte jede Mahlzeit alle sechs Geschmacksrichtungen (süß, sauer, salzig, scharf, bitter und herb) enthalten. Besonders wichtig ist das beim Mittagessen. Zu einseitige Geschmäcker können Giftstoffe und Schlacken hervorrufen. Ein ayurvedisches Menü mit allen Geschmacksrichtungen enthält eine Gemüsesuppe mit würzigem Geschmack, Getreide oder Reis bzw. Nudeln usw. mit 1 TL Ghee, Dalgericht (aus Linsen), Gemüsegericht (mit Gemüse der Saison), Buttermilch (herber Geschmack, rundet die bisherigen Geschmäcker ab) und manchmal etwas Süßes (ist jedoch nicht unbedingt notwendig, da auch Getreide einen süßen Geschmack hat). Auf Wunsch können auch noch ein Salat (der Saison) und Chutney, Pickles oder andere scharfe Gewürzsaucen dazu gegessen werden. Als Getränk so viel heißes Wasser, wie Sie wollen, oder auch einen Tee mit Gewürzen wie Kreuzkümmel, Kümmel, Fenchel, Koriander, Ingwer, die das Verdauungsfeuer schüren.

- *Nachmittags:* Zwischen 14 und 18 Uhr ist Vata am stärksten, deshalb werden vor allem Menschen mit einem Vata-Ungleichgewicht zu dieser Zeit unkonzentriert, müde und kraftlos. Wenn es bei Ihnen so ist, sollten Sie sich für 10 bis 15 Minuten kurz hinlegen oder sich eine Teepause gönnen, zum Beispiel mit einem Masala-, Jolly- oder Ingwertee, aber nicht Schokolade oder Obst.
- *Abendessen (zweite Hauptmahlzeit):* Am besten essen Sie zu Abend, bevor die Sonne untergeht – denn dann ist auch unsere eigene innere Sonne geschwächt. Geeignet ist die Zeit etwa um 19 Uhr. Es sollte auf jeden Fall nicht zu spät sein; denn der Körper muss Zeit haben, um mit der Verdauung fertig zu sein, bevor wir schlafen gehen. Die Stoffwechselleistung ist jetzt wieder verlangsamt. Empfohlen werden eher warme und flüssige Gerichte, wie Wurzelgemüse, Suppen oder Eintöpfe. Bitte vermeiden Sie abends: Joghurt oder Käse (kleidet die Magenschleimhaut aus, lähmt damit die Verdauung), Shrimps, Rohkostplatten (schwer verdaulich), am besten isst man abends auch kein Brot mehr (wenn Sie nicht darauf verzichten können, ist ungesäuertes Brot noch das bekömmlichste).

Ein Entschlackungswochenende

Dieses Wochenendprogramm ist einfach durchzuführen. Die entschlackende Ayurveda-Kost ist keine Diät im landläufigen Sinne, vielmehr ernähren Sie sich mit ihr gesund und vollwertig. Die Gerichte sind leicht zu kochen, und an den nahrhaften Suppen, deren Rezepte Sie im Anschluss an diesen Abschnitt finden, können Sie sich satt essen. Für die Zubereitung benötigen Sie etwa 20 Minuten.

Der ideale Zeitpunkt für die Entschlackung ist ein Wochenende – wenn die Tage im Jahr schon etwas wärmer sind, weil

dann die Ernährungsumstellung leichterfällt. Kleine vegetarische Mahlzeiten aktivieren die Produktion der Verdauungssäfte zwar, nähren den Körper aber nicht ausreichend; und so muss er seine Reserven, die Schlacken, angreifen.
Verdauungsfördernde Gewürze und Kräuter heizen den Stoffwechsel an, wodurch die Schlacken rasch abgebaut werden. Am besten kurbelt Ingwer die Verdauung an, gleich, ob er frisch oder getrocknet verwendet wird.
Kochen Sie deshalb regelmäßig mit Ingwer, und trocknen Sie Ingwerscheiben zum Kauen. Schälen Sie dazu frische Ingwerwurzeln, schneiden Sie sie in hauchdünne Scheiben und beträufeln Sie sie sparsam mit Zitronensaft. Lassen Sie die Ingwerscheiben anschließend auf einem Backblech ausgebreitet an der Sonne oder im Backofen bei 50 Grad Umlufthitze trocknen. Kauen Sie regelmäßig jeden Tag einige Scheibchen vor den Mahlzeiten.
Gewürzsamen zum Knabbern und heiße Gewürztees unterstützen die Entschlackung. Schwarzen Tee, Kaffee, Alkohol und Tabak dagegen sollten Sie an diesem Wochenende meiden – denn die Ernährungsumstellung ist eine Gelegenheit, deren Konsum generell einzuschränken oder sogar ganz aufzugeben.
Auch Vitamin C hilft, Schlacken abzubauen. Träufeln Sie Zitrone in den Tee, essen Sie Vitamin-C-reiches Obst oder Gemüse.

Entschlackungsauftakt: Freitag
Nach dem Aufstehen genießen Sie eine große Tasse (300 ml) Entschlackungstee: Saft aus ½ Zitrone mit 1 TL Honig verrühren, mit heißem Wasser aufgießen und langsam trinken.
Kochen Sie dann 1 Liter Ingwerwasser, und nehmen Sie es in einer Thermoskanne mit an den Arbeitsplatz. Trinken Sie das Ingwerwasser heiß über den Vor- und Nachmittag verteilt.
Der Speiseplan dieses ersten Entschlackungstags mag dem

einen oder anderen wie aus Schmalhans' Küche stammend vorkommen, aber so funktioniert's:

- *10 Uhr:* Essen Sie 1 Grapefruit.
- *12 Uhr:* Jetzt gibt's eine Tomate, gewürfelt und mit ¼ TL Kapha-Churna bestreut, dazu 2 Reiswaffeln.
- *18 Uhr:* Zum Abendessen bereiten Sie eine Gemüsesuppe mit 2 gerösteten Papaddam, und nach der Mahlzeit regen Gewürze die Verdauungskraft an.

Stoffwechselreste muss der Körper verdauen wie eine Mahlzeit, die er sich für später aufgehoben hat. Das ist nur möglich, wenn Magen und Darm nicht mit einem opulenten Essen belastet sind.

Ein trocken-heißer Saunagang stimmt auf die Entschlackung ein. Ölen Sie sich anschließend dünn mit Sesam- oder Senföl ein, auch die Nägel, die Haare und die Kopfhaut. Das Öl zieht über Nacht tief ein und unterstützt die Gewebeentschlackung, indem es fettlösliche Schlacken bindet, die über den Darm ausgeleitet werden. Wenn Sie dies tun, sollten Sie Bettwäsche verwenden, die Sie kochen können.

Vor dem Schlafengehen möchten Sie vielleicht zusätzlich 1 große Tasse Entschlackungstee und ½ TL Triphala-Churna mit ½ Glas warmem Wasser trinken. Triphala-Churna wirkt mild abführend und stärkt die Abwehrkraft.

So wird das Agni entfacht

In der ayurvedischen Medizin wird das aktive biologische Feuer, unsere treibende Kraft, als »Agni« bezeichnet, das Verdauungsfeuer selbst heißt »Jatharagni«. Nur mithilfe dieses Feuers kann der Körper die Speisen optimal aufnehmen und die enthaltenen

Nährstoffe verwerten. Agni und Jatharagni sind von zentraler Bedeutung für die Wärmeprozesse des Organismus sowie unsere Energie, Ausstrahlung, Stärke, Gesundheit, Abwehrkraft und Lebensspanne.

Agni besitzt alle Eigenschaften des Feuers: heiß, scharf, brennend. Eine frische Gesichtsfarbe, warme, glänzende Haut und strahlende Augen gehören ebenso zu Agni wie der saure, zersetzende Magensaft und die enzymreiche Verdauungsflüssigkeit im Dünndarm. Bestimmte Lebensmittel, wie zum Beispiel heißes Wasser und scharfe Gewürze, erhöhen Agni. Die Kraft des Feuers wird beeinflusst von der Ernährung, von unserer Konstitution und Lebenssituation sowie von den Tages- und Jahreszeiten. Agni brennt bei der Vata-Konstitution sehr unregelmäßig, bei Pitta stark und bei Kapha schwach.

Folgen Sie einem der nachstehend empfohlenen Rezepte, um das Feuer in Ihrem Körper anzufachen:

- 20 Minuten vor dem Essen folgende Mischung einnehmen: ¼ TL geriebenen Ingwer, ½ TL Zitronensaft und 1 Prise Steinsalz.
- Kleine Schlucke Ingwer- oder Kreuzkümmeltee trinken.
- Trikatu (Drei-Gewürz-Mischung) mit Ghee, Buttermilch oder Wasser zu sich nehmen.
- Ingwerpulver, langen Pfeffer, Pfeffer (schwarz), Ajwain, Steinsalz, Kreuzkümmel, Kümmel (schwarz) und Asa foetida in gleichen Anteilen leicht rösten und getrennt zu Pulver verarbeiten, sieben und zusammenmischen.
- 1 TL von einer Mischung aus den gleichen Teilen Fenchelsamen, Kreuzkümmel, Kardamomsamen, Pfeffer (schwarz) und Rohrzucker kauen.
- Fenchelsamen und Anis mit Rohrzucker kauen.

Diese Getränke helfen, das Verdauungsfeuer zu steigern und gleichzeitig die Schlacken auszuscheiden:

- *Ajwain-und-Brennnessel-Tee:* ¼ TL Ajwain und ½ TL getrocknete Brennnesselblätter.
- *Fenchel-und-Schafgarben-Tee:* ½ TL Fenchelsamen und ¼ TL getrocknete Schafgarbenblätter.
- *Bockshornkleeblätter-und-Löwenzahn-Tee:* je ½ TL getrocknete Bockshornklee- und Löwenzahnblätter.
- *Ingwer-und-Zinnkraut-Tee:* ¼ TL frischer Ingwer und ¼ TL getrocknetes Zinnkraut.

Die jeweilige Teemischung in eine Thermoskanne geben und mit 750 ml heißem Wasser übergießen. 15 bis 20 Minuten ziehen lassen. Regelmäßig schluckweise trinken.

Zweiter Entschlackungstag: Samstag

Die beste Zeit zum Aufstehen ist die Vata-Phase zwischen 2 und 6 Uhr morgens. Zwar mag es manchem ungewohnt erscheinen, am Wochenende kurz vor 6 Uhr das Bett zu verlassen, aber das unruhige Vata macht jetzt munter. Versuchen Sie's doch einfach mal.

Nach dem Aufwachen aktiviert eine Bauchmassage, die Sie noch im Bett durchführen, die Darmtätigkeit. Legen Sie dazu beide Hände flach nebeneinander auf den Unterbauch und massieren Sie abwechselnd mit den Fingerspitzen und den Handballen sanft 5 bis 10 Minuten in den Bauch hinein – immer im Uhrzeigersinn. Vata als bewegende Energie regt morgens die Peristaltik an.

Die Beweglichkeit von Dünn- und Dickdarm entscheidet wesentlich über die Verwertung der Nährstoffe und die Aufarbeitung der Schlacken. Ein verstopfter, träger Darm kann Stoffwechselreste aus dem Gewebe kaum aufnehmen und abarbeiten. Wer entschlacken möchte, benötigt einem aktiven Darm.

Nach der Morgenroutine sollten Sie also beispielsweise 2 TL

Rizinusöl mit 1 EL Zitronen- oder Orangensaft, 1 Prise Ingwerpulver und warmem Wasser mischen und trinken. Die Wirkung des Rizinusöls tritt in der Regel innerhalb der nächsten 3 Stunden ein.

Über den Tag verteilt, können Sie alle 30 Minuten ½ Tasse heißes Wasser schluckweise trinken. Und der Speise-und-»Aktivitäten«-Plan des zweiten Tags sieht wie folgt aus:

- *Frühstück:* 1 Schüssel Reissuppe.
- *10 Uhr:* 200 ml Weißkrautsaft.
- *13 Uhr:* Gelbe-Linsen-Suppe mit 1 Prise Trikatu.
- Den Rest des Nachmittags können Sie nun entspannen und ausruhen oder einen Spaziergang an der frischen Luft unternehmen.
- *18.30 Uhr:* Mungbohnensuppe und 2 Reiswaffeln.

Ich empfehle Ihnen, anschließend, 30 Minuten lang eine Pranayama-Atemübung durchzuführen (siehe Seite 104).

Dritter Entschlackungstag: Sonntag
Nach dem Aufwachen kreisen Sie mit aufeinandergelegten Händen im Uhrzeigersinn um den Nabel, denn es soll möglichst eine Darmentleerung vor dem Frühstück erreicht werden. Nach der Morgenroutine und vor dem Frühstück ist Zeit für Yoga, weil dann die Vitalität und die Beweglichkeit besonders wirksam angeregt werden. Schließen Sie die Übungen immer mit einer Entspannung ab.

Der Speise-und-»Aktivitäten«-Plan für den Abschluss des Entschlackungswochenendes sieht nun folgendermaßen aus:

- *Frühstück:* gedünstete Apfelringe.
- *12.30 Uhr:* 1 Schüssel Karottensuppe und Kichadi; dazu ½ Tasse warmes Wasser mit 1 Prise Trikatu vermischt trinken.

- *16 Uhr:* Kompott aus Trockenobst.
- *18.30 Uhr:* 1 Schüssel Gemüsesuppe mit 2 gerösteten Papaddam.
- *20 Uhr:* 1 Stunde Meditation.

Ab dem nächsten Tag suchen Sie Rezepte aus dem Kapitel »Kochen – Pure Lebensfreude« aus.

Rezepte für das Entschlackungswochenende

Alle Mengenangaben in den folgenden Rezepten, die nicht nur äußerst wohlschmeckende Resultate erzielen, sondern auch eine sehr gesunde Wirkung zeitigen, wurden für 1 bis 2 Personen berechnet. Sie sind einfach nachzukochen und bereiten Ihnen auch sehr viel Freude.

Küchentipps

- Frischen Koriander erhalten Sie in Asia-Läden, gut sortierten Gemüsegeschäften oder im Supermarkt bei den frisch gezogenen Kräutertöpfen. Man kann ihn im Sommer auch selbst aus den Koriandersamen anzüchten. Wenn er nicht verfügbar ist, können Sie ihn durch frische Petersilie ersetzen.
- Gerade im Frühjahr sollten Sie reichlich frische Kräuter verwenden. Besonders Bärlauch und Koriander helfen beim Entschlacken.
- Die Gewürze und Kräuter finden Sie im gut sortierten Fachgeschäft, oder Sie beziehen sie über den Ayurveda-Versandhandel.
- Gerichte mit Linsen und Hülsenfrüchten blähen leicht. Bleibt der Deckel beim Kochen etwas geöffnet, kann mit dem Dampf das Luftelement entweichen. Man sollte immer Asa foetida dazugeben.

- In der ayurvedischen Küche werden viele Gewürze verwendet. Richten Sie sich für ein Essen alle Gewürze auf einem Teller her, getrennt nach gemahlenen oder ganzen Gewürzen. Das verschafft Ihnen Übersicht und spart Zeit.

Reissuppe
500 ml Wasser
4 EL Basmatireis
¼ TL Pitta-Churna
1 Prise Meersalz
1 TL frische Korianderblätter
Wasser zum Kochen bringen, Reis waschen, in das kochende Wasser geben, umrühren. Halb zugedeckt bei mittlerer Hitze 15 Minuten kochen. Pitta-Churna und Salz untermischen. – Mit Korianderblättern garnieren.

Gelbe-Linsen-Suppe
3 EL gelbe Linsen
Wasser
½ TL Garam-Masala
¼ TL Amchur
1 Messerspitze Kurkuma
1 Messerspitze Asa foetida
½ TL Kapha-Churna
¼ TL Meersalz
1 TL Schnittlauchröllchen
Die Linsen gut waschen und in lauwarmem Wasser 30 Minuten einweichen. Das Wasser fortschütten. 300 ml Wasser zum Kochen bringen. Die Linsen und die restlichen Zutaten außer Salz und Schnittlauch dazugeben, umrühren. Bei kleiner Hitze ohne Deckel 45 Minuten kochen lassen, dazwischen umrühren. Mit Salz abschmecken. – Und mit Schnittlauch garnieren.

Gemüsesuppe

200 g Gemüse
300 ml Wasser
1 Messerspitze Bockshornkleepulver
1 Messerspitze Kreuzkümmel, gemahlen
¼ TL Ingwer, gerieben
1 Prise Meersalz
½ TL Zitronensaft
Salz zum Abschmecken
½ TL Ghee
1 TL frischer Koriander

Gemüse (zum Beispiel Sellerie, Zucchini, Karotten, Bohnen oder auch Zwiebeln) waschen und in kleine Stücke schneiden. Wasser zum Kochen bringen. Gemüse hineingeben sowie Gewürze und Salz und in 15 bis 20 Minuten gar kochen. Zitronensaft unterrühren und die Suppe grob pürieren. Mit Salz abschmecken, Ghee und geschnittene Korianderblätter darübergeben. – Heiß servieren.

Mungbohnensuppe

2 EL Mungbohnen, ganz
Wasser
1 Messerspitze Asa foetida
Je 2 Messerspitzen gemahlener Ingwer, Koriander, Amchur, Kurkuma und Kreuzkümmel
1 Messerspitze Chili, gemahlen
¼ TL Meersalz
1 TL Honig

Mungbohnen waschen, in einer Schüssel mit warmem Wasser bei Zimmertemperatur über Nacht stehen lassen, dann Wasser fortschütten. 300 ml Wasser zum Kochen bringen, die Mungbohnen zusammen mit Asa foetida 45 Minuten kochen, bis sie weich sind. Mit einem Mixstab pürieren, Gewürze und Salz dazugeben und weitere 5 Minuten kochen lassen. Hitze herunterschalten, den Honig in der Suppe verrühren.

Bockshornkleesprossen (oder Mungbohnensprossen)
20 g Bockshornkleesamen
Wasser
Samen gut waschen, in ein Gefäß mit lauwarmem Wasser geben, über Nacht einweichen. Am nächsten Morgen das Wasser fortgießen. Die Samen in ein Keimgerät oder Plastiksieb geben und bei Zimmertemperatur keimen lassen. Sieb mit Küchenpapier bedecken. Abends und morgens mit lauwarmem Wasser (keimt besser) durchspülen.
Nach 2 bis 3 Tagen sind die Sprossen essfertig. Sie können auch eine größere Menge als Vorrat keimen. Die Sprossen halten sich mehrere Tage im Kühlschrank.

Kichadi (Reis-Linsen-Gericht)
2 EL Basmatireis
2 EL gelbe Linsen (Mung Dal)
1/2 TL Ghee
Je ¼ TL Kreuzkümmel, Senfkörner und Ajwain
Je 2 Nelken und Kardamomkapseln
1 Messerspitze Asa foetida
150 bis 200 ml warmes Wasser
Salz
Reis und Mung Dal in ein Sieb geben und waschen. Ghee erhitzen, alle Gewürze zufügen, anbraten, bis sie springen, dann Reis und Dal zugeben und 1 Minute leicht anrösten. Wasser und Salz zugeben, zugedeckt 5 Minuten wallend kochen und weitere 5 Minuten bei ausgeschalteter Flamme quellen lassen.
Tipp: Dieses Gericht ist wandelbar mit anderen geschälten Linsen, obwohl Mung Dal am leichtesten verdaulich ist, und 1 Tasse geschnittenem Gemüse der Saison.

Gedünsteter Apfel
1 herber Apfel
½ TL Ghee
1 TL Rosinen

250 ml Wasser
¼ TL Zimt
Einige Tropfen Rosenwasser

Apfel waschen, Kerngehäuse entfernen, in Achtel teilen. Ghee erhitzen, Apfel und Rosinen darin einige Minuten unter Rühren andünsten. Mit Wasser auffüllen, Zimt zufügen und 5 bis 10 Minuten (je nach Apfelsorte) bei kleiner Hitze schmoren. – Vor dem Servieren mit einigen Tropfen Rosenwasser verfeinern.

Trockenobstkompott
100 g Trockenobst (etwa Aprikosen, Äpfel oder Pflaumen)
300 ml Wasser
Je ¼ TL Amchur, Ingwer, gemahlen, und Zimt

Trockenobst waschen und zusammen mit 300 ml Wasser und den Gewürzen über Nacht einweichen Am nächsten Tag 10 Minuten kochen. Warm essen.

Ayurvedischer Champagner: Heißes Wasser

Eines der wichtigsten Heilmittel für die Gesunderhaltung ist im Ayurveda seit jeher das Trinken von heißem Wasser. Es wird als therapeutische Anwendung eingesetzt, um den Körper von innen zu reinigen und zu stärken. Wir sensibilisieren damit auch unsere Geschmackswahrnehmungen, da die Geschmacksknospen auf der Zunge gereinigt werden.

Spült man zum Beispiel fettiges Geschirr in kaltem Wasser, merkt man schnell, dass die Teller gar nicht sauber werden. Fett löst sich nur in heißem Wasser auf. Ebenso verhält es sich im Organismus: Heißes Wasser entfernt viele Schlacken und Stoffe, die durch kaltes Wasser oder andere Getränke unberührt bleiben.

Kochen Sie das Wasser 20 Minuten lang, dann warten Sie ab, bis sich der Kalk abgesetzt hat. So wird das Wasser reiner und weicher. Wenn Sie Quellwasser haben, brauchen Sie es nur heiß zu machen.

Es ist wichtig, während einer Entschlackungskur ausreichend über den ganzen Tag verteilt zu trinken, um über die Nieren Giftstoffe ausscheiden zu können. Durch das längere Kochen verändert sich die Molekularstruktur des Wassers, und es kann von den Zellen leichter aufgenommen werden. Dadurch reinigt es die Körperzellen von Schlackenstoffen. Gleichzeitig bekommen die Zellen wieder die Information von reinem Wasser. Dies hat eine sehr tief greifende Wirkung auf den ganzen Organismus. Neben der reinigenden Wirkung stärkt der ayurvedische »Champagner« auch das Immunsystem.
Nach dem Aufstehen können Sie als Erstes 1 große Tasse heißes Wasser mit 2 TL Honig und 1 TL Zitronensaft mischen und schluckweise langsam trinken. Dieses Getränk wird im Entschlackungsprogramm »Nimpani« genannt.
Anfangs mag das Trinken von heißem Wasser ungewohnt sein, aber nach und nach gibt sich das, und es wird zur wahren Freude. Heißes Wasser ist das natürlichste Heilmittel. Aber vielleicht gerade weil es so einfach und so billig ist, nimmt es kaum jemand ernst.

Sanftes Fasten für das alltägliche Gleichgewicht

Eine sehr gute Möglichkeit, uns dauerhaft zu entschlacken, ist das regelmäßige sanfte Fasten. Dabei geht es nicht um eine strenge »Hungerkur« über einen längeren Zeitraum, sondern um die rhythmische, sanfte Entlastung des Körpers, damit er die dabei gewonnene Energie zur Entgiftung zur Verfügung hat. Man nimmt dafür an bestimmten Tagen bewusst sehr sattvische, leicht verdauliche, energiereiche, reine Nahrung in kleiner Menge zu sich. Es kann sich hierbei um Obst, leichte Suppen, frische Gemüsesäfte, Kichadi, einfache Gemüsegerichte oder Ähnliches handeln. Zum Beispiel kann man im Sommer am Vormittag nur etwas frisches Obst oder frisch gepressten Gemüsesaft zu sich nehmen und mittags und abends nur eine leichte Gemüsesuppe essen. In den Wintermonaten kann man einmal einen ganzen Tag lang nur etwas Kichadi essen oder am Morgen eine Reissuppe und am Abend ein leichtes Gemüsegericht. Auf solche Weise entlastet man das Verdauungssystem und die Sinne, bündelt seine Energie und besinnt sich auf das Wesentliche.

Es gibt einige Möglichkeiten, dies in den Alltag zu integrieren. Sie können zum Beispiel einen Tag in der Woche fasten, am Freitag oder Sonntag. Oder einen Tag im Monat. In Indien geschieht dies oft an Ekadashi, das ist der elfte Tag nach dem Vollmond.

Man kann sich die Zeiten vor Weihnachten oder Ostern zu Fastenzeiten machen oder diese Tage völlig frei in den persönlichen Jahresverlauf integrieren.

Finden Sie das für Sie Passende heraus. Ihr Körper wird es Ihnen mit guter Gesundheit danken.

Kochen – Pure Lebensfreude

Frühstück

Dinkelporridge
2 TL Ghee
2 EL Dinkelflocken
150 ml frische Milch
1 Prise Kardamom, gemahlen
1 TL Kokosflocken
1 TL Honig

Bei kleiner Hitze 1 TL Ghee erhitzen und die Dinkelflocken darin 5 Minuten leicht rösten. Langsam die Milch einrühren sowie Kardamom und Kokosflocken zufügen.

Rühren, bis die Masse sich bindet, und bei kleiner Hitze in zirka 10 Minuten weich kochen. Vom Herd nehmen und restliches Ghee und Honig unterrühren. – Warm servieren.
- Geeignet für Vata und Pitta.

Warmer Grießbrei
50 g Grieß oder Polenta
1 TL Ghee
200 ml warmes Wasser
1 TL Zucker oder Süßungsmittel
1 Prise gemahlener Kardamom
Einige Rosinen

Grieß einige Minuten lang in einer Pfanne vorsichtig anrösten, zur Seite stellen und abkühlen lassen. 1 TL Ghee in einer anderen Pfanne schmelzen, den gerösteten Grieß hineinrühren, warmes Wasser mit dem Rührbesen unterrühren, unter weiterem Rühren zum Kochen bringen, zudecken und 5 Minuten quellen lassen.
Süßungsmittel und andere Zutaten beifügen. In weiteren 2 Minuten langsam fertig kochen. – Warm servieren.
Alternativ: Wasser kochen, Grieß mit dem Rührbesen vorsichtig einrühren, Süßungmittel und andere Zutaten untermengen und bei kleiner Hitze zirka 3 Minuten quellen lassen.
- Geeignet für Vata und Pitta.

Geschmortes Obst
50 g verschiedenes Trockenobst
Wasser
1 TL Jaggery
Je 1 Prise Ingwer, Zimt, Nelken, Amchur, gemahlen

Das Trockenobst waschen und in genügend Wasser mindestens 6 Stunden einweichen. Dann bei mittlerer Hitze zirka 20 Minuten zusammen mit geriebenem oder klein geschnittenem Jaggery kochen. Restliche Gewürze zufügen. – Und warm servieren.

Dieses Frühstück hat eine wärmende Wirkung, deshalb ist es ideal für die kalte Jahreszeit.
- Geeignet für Vata und Kapha.

Pikanter Grieß mit Gemüse
2 TL Ghee
Je ¼ TL Kreuzkümmel und Senfkörner
¼ TL Kurkuma
3 EL Semolina, Polenta oder Dinkelgrieß
Je ¼ Karotte und Paprika, klein geschnitten (wahlweise)
½ TL brauner Zucker
1 Prise Salz
250 ml kochendes Wasser
1 EL Kokosflocken
½ TL Zitronensaft
1 EL Korianderblätter oder Petersilie, klein geschnitten
In einem Topf 1 TL Ghee erhitzen, Kreuzkümmel und Senfsamen so lange anbraten, bis sie platzen. Dann Kurkuma zufügen. Grieß dazugeben und leicht anrösten. Nun Gemüsestückchen, Zucker, Salz und kochendes Wasser zufügen. Mit dem Rührbesen unter ständigem Rühren zirka 5 Minuten garen.
Restliches Ghee, Kokosflocken und Zitronensaft unterheben. Kann auch dünnflüssiger zubereitet werden! – Mit frischem Koriander oder Petersilie bestreut warm servieren.
- Reduziert Vata und Kapha, steigert Pitta.

Mandelmus
50 g ganze Mandeln, ohne Schale
100 ml Wasser
1 TL Jaggery
1 Prise Zimt
Die Mandeln trocken rösten, mit Wasser und Jaggerystückchen 10 Minuten einweichen lassen. Zimt zugeben. In einem Mixer fein pürieren. – Bei Zimmertemperatur servieren.
- Geeignet für Vata, in Maßen für Pitta.

Würzige Reisflocken mit Auberginen
50 g Reisflocken
Wasser
1 TL Ghee
Je ¼ TL Kreuzkümmel und Senfkörner, schwarz
½ Zwiebel, klein gehackt
¼ Chilischote, gehackt
4 Curryblätter
¼ Aubergine, in kleine Würfel geschnitten und in Salzwasser gelegt
50 ml Wasser
½ TL Tridosha-Currymischung
1 TL Zitronensaft
1 TL Kokosflocken
½ TL brauner Biozucker
1 Prise Salz
1 TL Korianderblätter, gehackt

Die Reisflocken in ein Sieb geben und wenige Sekunden mit lauwarmem Wasser abspülen. Beiseitestellen.

Ghee erhitzen und Kreuzkümmel sowie Senfkörner zumischen. Hitze reduzieren. Zwiebel, Chili, Curryblätter zugeben und 1 bis 2 Minuten andünsten.

Aubergine absieben und in einen Topf mit 50 ml Wasser geben. Umrühren und zugedeckt auf mittlerer Hitze kochen, bis sie gar sind und das Wasser aufgesogen ist.

Jetzt Curry, Zitronensaft, Kokos und Zucker dazugeben. Kurz umrühren und zum Schluss die Reisflocken zufügen. Leicht umrühren, abschmecken und nochmals zugedeckt auf niedriger Hitze 1 Minute dämpfen. – Mit Koriandergrün garnieren.

Alternativ: Statt Auberginen können auch andere Gemüse verwendet werden.

- Reduziert Kapha und Vata, steigert Pitta.

Dinkel-Linsen-Pfannkuchen

50 g Dinkelkörner oder Reis
50 g weiße Linsen
250 ml Wasser
¼ TL Bockshornkleesamen
¼ TL Bockshornkleeblätter
¼ TL Zitronensaft
1 Prise Salz
1 TL Ghee

Den Dinkel und die Linsen abwaschen und in lauwarmem Wasser zusammen mit Bockshornkleesamen über Nacht einweichen.

Am nächsten Tag glatt pürieren. Bockshornkleeblätter, Zitronensaft und Salz zumischen und umrühren.

Eine Gusseisenpfanne mit etwas Ghee bepinseln und einen Schöpflöffel Pfannkuchenteig hineingeben. Beide Seiten jeweils 30 Sekunden braten. Die Hitze muss stets reguliert werden.

- Geeignet für alle Doshas.

Aperitifs und Tees

Entschlackungssorbet

3 EL Zitronensaft
¼ TL Steinsalz
1 EL kaltgeschleuderter Honig
500 ml Wasser

Alle Zutaten im gekochten und abgekühlten Wasser umrühren und bei Zimmertemperatur trinken.

- Reduziert Pitta und Vata. Im Sommer auch für Kapha geeignet.

Süßsaurer Mango-Aperitif

1 reife Mango
½ TL Amchur

1 TL Jaggery, gerieben
Einige Tropfen Rosenwasser
1 Messerspitze Muskatnusspulver
750 ml Wasser
Mango schälen und pürieren. Zusammen mit den anderen Zutaten im Wasser mischen. – Kühl servieren.
- Reduziert Pitta und Vata, in Maßen für Kapha.

Verdauungsdrink
½ TL Kreuzkümmel, ganz
¼ TL Steinsalz
1 TL Zitronensaft
¼ TL Ingwer, gemahlen
1 EL Jaggery, gerieben
750 ml Wasser
Kreuzkümmel, ganz, in der Pfanne ein paar Sekunden ohne Öl anrösten und im Mörser grob anstoßen. Zusammen mit den anderen Zutaten im lauwarmen Wasser umrühren.
- Reduziert Vata und Kapha, steigert Pitta.

Magenöffner
Je 10 Blätter frische Minze und Zitronenmelisse
¼ TL Amchur
1 TL Honig
750 ml Wasser
Alle Zutaten im Wasser umrühren. Über Nacht ziehen lassen. – Und kühl servieren.
- Reduziert Pitta, steigert Vata und Kapha.

Lassi (Joghurtgetränk, würzig)
Je 100 g Magerjoghurt und Magerquark
Je 1 Prise Zimt und Kardamom, gemahlen
½ TL Ingwer, frisch gerieben
1 Messerspitze Chilipulver
500 ml Wasser

Alle Zutaten mixen und bei Zimmertemperatur trinken.
* Geeignet für Vata und Pitta.

Sternanis-Orangen-Tee

1 Orange
1 Sternanis
Je 1 Messerspitze Zimt und Nelken, gemahlen
½ TL frischer Ingwer, gerieben
1 EL Ahornsirup
500 ml Wasser

Die Orangen halbieren und entsaften. Alle Zutaten in Wasser mischen und noch 30 Minuten ziehen lassen. – Absieben und servieren.
* In Maßen geeignet für alle Doshas.

Rosenwassersorbet

1 Hand voll Rosenblüten
¼ TL Rosenwasser
1 Prise Kardamom, gemahlen
1 EL Reissirup
1 Messerspitze Salz
500 ml Wasser

Alle Zutaten im Wasser umrühren. – Absieben und von den Rosen einige Blätter ins Glas oder den Krug geben.
* Reduziert Pitta, in Maßen für Vata und Kapha.

Mandel-Soja-Aperitif

250 ml Sojamilch
50 ml Kokosmilch
1 EL Mandeln, gemahlen
2 Messerspitze Safranpulver
2 Messerspitze Kardamom, gemahlen
Einige Tropfen Rosenwasser
1 EL Reissirup
1 TL Pistazien, geschält und klein gehackt

Alle Zutaten außer den Pistazien in einen Mixer oder Krug geben und gut pürieren. – Mit gehackten Pistazien garniert servieren.
- Reduziert Vata und Pitta, in Maßen für Kapha.

Geschmortes-Obst-Aperitif
100 g gemischtes Trockenobst
Je 1 Prise Nelken, Ingwer, Amchur und Zimt, gemahlen
25 g Jaggery
500 ml Wasser
Das Trockenobst waschen und zusammen mit allen Gewürzen in lauwarmem Wasser über Nacht oder mindestens 6 Stunden einweichen. Später in einem Mixer glatt pürieren und nochmals 30 Minuten ziehen lassen.
- Reduziert Kapha und Vata, steigert Pitta.

Gewürzter Apfeltee
250 ml Wasser
½ TL Jollyteemischung (Masala)
1 TL Jaggery
250 ml Apfelsaft
Je 1 Prise Zimt und Ingwer, gemahlen
Wasser zum Kochen bringen. Gewürzmischung und Jaggery hinzufügen. 5 Minuten bei kleiner Hitze köcheln lassen, dann Apfelsaft, Zimt und Ingwer dazugeben. Weitere 5 Minuten sieden lassen. Abgießen. – Heiß oder lauwarm trinken.
- Geeignet für alle Doshas, für Pitta gekühlt (nicht eiskalt!).

Indischer Tee (Tschai)
1 TL frischer Ingwer, gerieben
1 TL Jaggery
250 ml Wasser
1 TL schwarzer Tee
1 Messerspitze Kardamom
250 ml frische Milch

Ingwer und Jaggery mit dem Wasser zum Kochen bringen, Tee dazugeben. 1 Minute kochen, 3 Minuten ziehen lassen, dann abseihen. Mit Kardamom abschmecken. – Mit der erwärmten Milch servieren.

Alternativ: mit Zimt und/oder Pfeffer abschmecken.

- Geeignet für Vata und Pitta, in Maßen für Kapha.

Ingwerwasser

1 TL Ingwer, frisch gerieben
1 Liter Wasser

Ingwer in eine Thermoskanne geben. Wasser zum Kochen bringen und aufgießen. Vor dem Trinken 30 Minuten ziehen lassen.

- Geeignet für alle Doshas.

Ajwaintee

1 TL Ajwain
750 ml Wasser

Ajwain in eine Thermoskanne geben. Wasser zum Kochen bringen und aufgießen. Vor dem Trinken 30 bis 45 Minuten ziehen lassen.

Der Tee ist auch geeignet bei Bronchialproblemen und bei Magenkrämpfen.

- Geeignet für Vata und Kapha.

Morgentee

1 TL frischer Ingwer, gerieben
Je 2 TL Honig und Zitronensaft
1 Liter Wasser

Ingwer, Honig und Zitronensaft in eine Thermoskanne geben. 1 Liter Wasser zum Kochen bringen und aufgießen. Vor dem Genuss 20 Minuten ziehen lassen.

Am besten trinken Sie diesen Tee vor dem Frühstück oder während des Mittagessens.

- Geeignet für alle Doshas.

Gute-Laune-Tee
Je ¼ TL Kreuzkümmel, Fenchel- und Bockshornkleesamen
2 Prisen Zimt
1 Liter Wasser
In eine Thermoskanne Kümmel, Fenchel- und Bockshornkleesamen sowie Zimt geben. Wasser zum Kochen bringen und aufgießen. Vor dem Trinken 10 Minuten ziehen lassen.
- Geeignet für alle Doshas.

Vorspeisen und Snacks

»Faustregel«

Kühl für Pitta, warm für Vata, heiß für Kapha.

Gedünsteter Chicorée mit Grapefruit
½ Grapefruit
1 Chicorée
½ TL Ghee
½ TL Sojasauce
1 Prise Salz
50 g magerer Kräuterquark
Die Grapefruit schälen und in Stücke teilen. Den Chicorée waschen und zu einzelnen Blättern zerpflücken.
Ghee erhitzen und die Chicoréeblätter einige Minuten darin anbraten. Sojasauce und Salz hinzufügen. – Auf einer Platte die Chicoréeblätter sowie die Grapefruitstücke anrichten und den Kräuterquark in die Mitte geben.
- Geeignet für Pitta und Kapha.

Gemüse-Kartoffel-Pasteten

100 g Dinkelmehl
⅛ TL Ajwain
1 TL Ghee
1 Prise Salz
Wasser
250 g Gemüse der Saison, geschält und fein gehackt
1 Kartoffel, gekocht und klein geschnitten
1 EL Cashewnüsse, grob gehackt
½ TL Garam-Masala
Je 1 Prise Nelken, gemahlen, und Amchur
Je 1 TL frische Korianderblätter und Sonnenblumenkerne
Je ⅛ TL Kreuzkümmel- und Fenchelsamen

Aus Dinkelmehl, Ajwain, Ghee, Salz und Wasser einen festen Teig herstellen und 5 Minuten ruhen lassen. Das Gemüse, die Kartoffel, Nüsse und Gewürze in eine Schüssel geben und gut mischen.

Den Backofen vorheizen (180 Grad). Den Teig nochmals durchkneten und walnussgroße Kugeln formen. Diese mit etwas Mehl bestäubt oval ausrollen und in der Mitte durchschneiden. Die Ecken mit ein wenig Wasser zum Zusammenkleben bestreichen, etwas von der Gemüsemischung in die Mitte geben, zuklappen und die Ränder gut zusammenfügen. Die »Samosas« auf ein Backblech mit Backpapier legen und etwa 15 Minuten aufbacken.

- Geeignet für alle Doshas.

Papaddam (hauchdünne Linsenwaffeln)

Papaddam sind verschieden gewürzte Linsenwaffeln, die getrocknet in Packungen erhältlich sind.
Die Papaddam im heißen Backofen (250 Grad) zubereiten. Höchstens 20 Sekunden auf der oberen Schiene rösten.

- Sehr gut für Kapha.

Polenta-und-Gemüse-Gratin

1 TL Ghee
300 ml Sojamilch
150 g Polenta
½ TL Kräuter der Provence
1 Messerspitze Kurkuma
¼ TL Korma-Masala
1 TL Bio-Zucker
¼ TL Amchur
1 Prise Salz
½ Zucchino, in dünne Scheiben geschnitten
1 Tomate, in dünne Scheiben geschnitten
1 Chilischote, fein gehackt
2 EL Maiskörner
100 g geräucherter Tofu, klein gehackt
25 g Rucolasalat
½ Karotte, gerieben

Heizen Sie den Backofen auf 180 Grad vor, und bepinseln Sie ein Backblech mit Ghee. Milch zum Kochen bringen. Polenta, Kräuter, Kurkuma, Korma-Masala (fertige Gewürzmischung), Zucker, Amchur und Salz unter ständigem Rühren zugeben, bis die Polenta fester wird.

Abschmecken und sofort auf dem Backblech verteilen. 5 Minuten abkühlen lassen und mit Zucchini, Tomaten, Chili, Mais und Tofu belegen. 15 Minuten im Ofen bei 180 Grad backen. – Mit Rucola sowie geriebenen Karotten garniert servieren.

• Geeignet für alle Doshas.

Kichererbsen-Koriander-Würfel

½ Bund frische Korianderblätter, gehackt
100 g Kichererbsenmehl
½ TL Kapha-Churna
1 EL Zitronensaft
1 TL Koriander, gemahlen
2 TL Sonnenblumenkerne

200 ml Wasser
1 Prise Salz
1 EL Ghee
1 EL Kokosflocken

Backofen auf 180 Grad Umluft vorheizen. In einer Schüssel alle Zutaten außer Ghee und Kokosflocken mischen und abschmecken. Die Masse in ein feuerfestes Gefäß umfüllen und im Backofen 20 Minuten backen.

Heiß mit Ghee bepinseln. Abkühlen lassen und in zirka 4 cm große Würfel schneiden. – Mit Kokosflocken garnieren.

- Reduziert Kapha und Vata, steigert Pitta.

Süßkartoffeln auf Karotten-Koriander-Bett

100 g Süßkartoffeln
Wasser
1 Karotte, gerieben
½ Bund frische Korianderblätter, gehackt
2 EL Sesam, gemahlen
1 EL Erdnüsse, ungesalzen, gemahlen
½ TL Amchur
1 Prise Salz
1 TL Ghee

Kartoffeln in kochendem Wasser bissfest kochen, schälen und etwas abkühlen lassen. Backofen auf 180 Grad Umluft vorheizen.

Karotten mit Koriandergrün mischen, abschmecken und auf einem Servierteller anrichten. Sesam und Erdnüsse in einem tiefen Teller mischen. Amchur mit etwa 100 ml Wasser und Salz mischen.

Kartoffeln in dünne Scheiben schneiden; In die Amchur-Wasser-Mischung eintauchen, in der Sesam-Erdnuss-Mischung panieren. Backpapier mit Ghee bepinseln, Süßkartoffelscheiben darauflegen und 8 bis 10 Minuten backen. – Auf dem vorbereiteten Teller mit den Karotten anrichten und servieren.

- Reduziert Vata und Pitta, steigert Kapha.

Gefüllte Auberginenröllchen
100 g Auberginen
1 TL Ghee
¼ EL Kräuter der Provence
50 g Feldsalat
1 rote Paprika, in dünne Streifen geschnitten
1 TL Tridosha-Currymischung
1 Prise Salz
Zahnstocher

Backofen auf 220 Grad vorheizen. Auberginen waschen und längs in Scheiben schneiden. Jede Scheibe mit etwas Ghee bepinseln und mit Kräutern der Provence bestreuen. Die Scheiben auf ein Backblech mit Backpapier legen und 7 bis 10 Minuten backen, bis sie weich sind. Abkühlen lassen.

Feldsalat putzen und abtropfen lassen. Die Paprikastreifen mit Tridosha-Currymischung und Salz abschmecken, auf jede Auberginenscheibe etwa 2 EL in die Mitte geben und die Scheibe aufrollen. Jeweils mit einem Zahnstocher zusammenfassen. – Den Feldsalat auf einem Servierteller anrichten und die Auberginenröllchen daraufsetzen.

• Reduziert Kapha und Pitta, steigert Vata.

Gebackene Brokkoliröschen
¼ Brokkoli, in kleine Röschen zerteilt
Wasser
2 EL Kichererbsenmehl
Je ⅛ TL Kurkuma und Ingwer, gemahlen
Salz
1 EL Haferflocken

Brokkoli in ½ Liter kochendem Wasser 30 Sekunden kochen und absieben und mit kaltem Wasser abschrecken.

Backofen auf 220 Grad vorheizen. Aus Kichererbsenmehl, Kurkuma, Ingwer, Salz und 200 ml kaltem Wasser einen Teig bereiten. Ein Backblech mit Backpapier vorbereiten.

Jedes Brokkoliröschen in den Teig eintauchen und auf das vorbereitete Blech legen. Mit Haferflocken bestreuen und 10 Minuten intensiv backen. – Lauwarm servieren.
* Reduziert Pitta und Kapha.

Suppen

Karottensuppe
250 g Karotten
100 g Kartoffeln
500 ml Wasser
1 TL Ghee
½ Zwiebel, fein gehackt
½ Knoblauchzehe, fein gehackt
1 TL frischer Ingwer, fein gehackt
Je ¼ TL Kurkuma und Chilipulver
50 ml Kokosmilch
25 g Jaggery
1 Prise Salz
1 TL frische Korianderblätter, gehackt

Die Karotten waschen, die Kartoffeln schälen und beides grob schneiden. Das Wasser aufkochen, die Karotten und Kartoffeln darin zugedeckt 20 Minuten gar kochen.

Das Ghee in einem kleinen Stieltopf oder in einer Pfanne erwärmen, Zwiebeln, Knoblauch und Ingwer 2 Minuten darin andünsten. Zusammen mit den restlichen Zutaten außer dem frischen Koriander zu den Karotten und Kartoffeln geben und weitere 5 Minuten köcheln lassen. Mit dem Mixstab oder im Mixer glatt pürieren. Nochmals erwärmen. – Mit Koriandergrün garniert servieren.
* Geeignet für alle Doshas.

Kürbiscremesuppe

250 g Muskatkürbis
Wasser
½ Zwiebel, fein gehackt
1 TL frischer Ingwer, fein gehackt
½ Knoblauchzehe, fein gehackt
Je ¼ TL Rosmarin, Oregano, Basilikum und Majoran
1 TL Ghee
1 Prise Salz

Den Kürbis schälen, in Stücke schneiden und waschen. In wenig Wasser mit Zwiebel, Ingwer und Knoblauch zirka 30 Minuten bei mittlerer Hitze kochen. Die Gewürze zufügen. Dann unter Zugabe von Ghee und Salz zu einem feinen Püree mixen. Eventuell noch mit Wasser verdünnen (je nach Konsistenz).

- Geeignet für alle Doshas: sehr flüssig für Vata, mittelflüssig für Pitta, fest für Kapha.

Sellerie-Dinkel-Suppe

50 g Dinkelkörner
Wasser
200 g Sellerieknolle
300 ml Sojamilch
1 Kartoffel
¼ TL frischer Ingwer, gerieben
1 TL Jaggery
1 Prise Chilipulver
½ Zwiebel, geschnitten
1 TL Ghee
1 Prise Amchur
1 Prise Salz
½ TL frischer Oregano

Dinkelkörner in ¼ Liter lauwarmem Wasser 1 Stunde einweichen und dann kochen, bis sie weich sind. Sellerie schälen und in Würfel schneiden, etwa 1 EL davon hacken und zur Garnierung beiseitestellen.

Sojamilch erwärmen. Kartoffel schälen, würfeln und zusammen mit Selleriewürfeln, Ingwer, Jaggery und Chili halb zugedeckt in der Milch kochen, bis das Gemüse gar ist.

In der Zwischenzeit die geschnittene Zwiebel in Ghee andünsten, bis sie leicht bräunt, in die Suppe geben und alles mit einem Mixstab oder Mixer gut pürieren. Mit Amchur und Salz abschmecken. – Mit Oregano und dem gehackten Sellerie garnieren.

- Geeignet für alle Doshas.

Zucchini-Gurken-Suppe
½ Gurke, mittelgroß
½ Zucchino, mittelgroß
250 ml Wasser
½ grüne Chilischote
½ TL Zitronensaft
½ Knoblauchzehe
1 TL brauner Zucker
1 TL Grieß
50 ml Sojacreme
1 Prise Salz
1 TL Sesam, ungeschält
1 TL Petersilie, gehackt

Gurke und Zucchino waschen. ¼ Zuchino und ¼ Gurke für die Garnierung reiben, den Rest grob schneiden.

Wasser zum Kochen bringen, die beiden Gemüse mit Chili, Zitronensaft, Knoblauch und Zucker zugeben und zugedeckt 10 Minuten kochen. Grieß einrühren, mit dem Mixstab oder Mixer pürieren und quellen lassen. Sojacreme zugeben, abschmecken und nochmals aufkochen. – Mit Sesam und Petersilie garnieren.

- Reduziert Kapha und Pitta, steigert Vata.

Linsensuppe

50 g gelbe Linsen
250 ml Wasser
½ TL Jaggery, gerieben
1 Messerspitze Asa foetida
1 Prise Kreuzkümmel, gemahlen, und Kurkuma
1 TL Trishoda-Curry
100 ml Kokosmilch
1 Prise Salz
1 TL frische Korianderblätter, gehackt

Linsen in einem Sieb waschen und in einem Topf mit lauwarmem Wasser mindestens 15 Minuten einweichen. Die Linsen in dem Wasser mit Jaggery und Asa foetida bei offenem Topf kochen, bis sie weich sind (etwa 20 Minuten). Dabei immer wieder umrühren, da sie leicht ansetzen.
Kreuzkümmel, Kurkuma und Tridosha-Currymischung zugeben und mit einem Mixstab pürieren. Kokosmilch zufügen, abschmecken und nochmals kurz aufkochen. – Mit Korianderblättern garnieren.

- Reduziert Kapha und Pitta, steigert Vata.

Gemüsesuppe

250 g Gemüse der Saison
1 Kartoffel
400 ml Wasser
1 TL frischer Ingwer, gerieben
¼ TL Amchur
½ TL Kapha-Churna
100 ml Reis- oder Sojamilch
1 Prise Salz
Je 1 TL Walnüsse und Mandeln, gehackt
1 TL Schnittlauch, gehackt

Das Gemüse – zum Beispiel Karotten, Zucchini, Paprika, Blumenkohl oder Lauch – und die Kartoffel waschen, gegebenenfalls schälen und grob schneiden.

Wasser zum Kochen bringen. Alle Gemüse hineingeben und 10 Minuten halb zugedeckt garen. Ingwer, Amchur, Kapha-Churna und Milch zufügen und weitere 5 Minuten köcheln. Mit einem Mixer pürieren. Abschmecken. – Und mit Nüssen und Schnittlauch garnieren.

- Geeignet für alle Doshas.

Feurige Kartoffel-Zwiebel-Suppe
2 Kartoffeln, mehlig kochend
400 ml Wasser
½ TL Koriander, gemahlen
¼ TL Kümmel
50 ml Sojacreme
1 Prise Salz
½ TL Vata-Churna
½ grüne Chilischote, fein gehackt
1 TL Ghee
1 Zwiebel, in dünne halbierte Scheiben geschnitten
¼ TL frischer Ingwer, gerieben
1 TL Petersilie, gehackt

Kartoffeln waschen, schälen und außer 1 Kartoffel grob schneiden. Im kochenden Wasser bei mittlerer Hitze kochen. Koriander und Kümmel zugeben und zugedeckt garen, bis die Kartoffeln weich sind. Mit einem Mixer pürieren.
Sojacreme zugeben und abschmecken. Die übrige Kartoffel reiben und zusammen mit Vata-Churna und Chili in die Suppe geben.
Ghee erwärmen und die Zwiebel darin andünsten, bis sie leicht braun wird. In die Suppe mischen. Nochmals aufkochen. – Mit frischem Ingwer und Petersilie garnieren.

- Reduziert Vata und Pitta, steigert Kapha.

Hauptspeisen, vegetarisch

Gemischtes Gemüse in Kokos und Curry
½ Zwiebel, klein geschnitten
1 Karotte, in Würfel geschnitten
⅛ Blumenkohl, in kleine Röschen zerteilt
¼ Zucchino, in Würfel geschnitten
½ grüne oder rote Paprikaschote, in Würfel geschnitten
½ Tomate, in kleine Würfel geschnitten
1 TL Ghee
Je ¼ TL Kreuzkümmel, ganz, Senfkörner und Ajwain
1 Tasse Sojamilch, warm
3 Curryblätter
½ TL frischer Ingwer, klein geschnitten
1 Messerspitze Asa foetida
Je ¼ TL Kurkuma und Fenchelsamen, gemahlen bzw. zerstoßen
50 ml Kokosmilch
1 EL Tridosha-Currymischung
½ TL Zitronensaft
1 Prise Salz
Chili nach Wahl
1 TL Korianderblätter oder Petersilie

Zunächst waschen und zerkleinern bzw. würfeln Sie alle Gemüsesorten. Dann Ghee erhitzen, Kreuzkümmel, Senfkörner und Ajwain dazugeben und so lange anbraten, bis die Körner zerspringen. Nun die klein geschnittenen Zwiebeln 2 bis 3 Minuten mitbraten. Mit Sojamilch auffüllen und nun als erstes Gemüse die Karotten hineingeben sowie Curryblätter, Ingwer, Asa foetida, Kurkuma und Fenchel. 5 Minuten kochen lassen.

Dann Kokosmilch und die Currymischung unterrühren. Blumenkohl und Zucchino dazugeben. Die Gemüse einige Minuten dünsten lassen.

Am Schluss erst Paprika und Tomatenstücke sowie Zitronen-

saft hinzufügen, mit Salz und eventuell Chili abschmecken. – Mit frischem Koriander oder Petersilie garnieren.
- Geeignet für alle Doshas; ohne Blumenkohl für Vata, ohne Chili für Pitta.

Sellerieschnitzel
¼ Sellerieknolle
Wasser
1 TL Zitronensaft
2 EL Dinkelmehl
2 TL Sesam, ungeschält
Je 1 Prise Salz und Muskat
Je ¼ TL Majoran, Thymian
Öl zum Braten

Sellerie schälen und in zirka 1 cm dicke Scheiben schneiden. Wasser in einem großen Topf zum Kochen bringen, ½ TL Zitronensaft und die Selleriescheiben hineingeben. Sellerie kochen und herausnehmen, wenn er noch bissfest ist. Dann abkühlen lassen.
Auf einem Teller Dinkelmehl, Sesam, Salz, Muskat, Majoran und Thymian mischen. Die Selleriescheiben darin wenden. In einer Pfanne mit heißem Öl anbraten, bis sie goldbraun sind. – Mit einigen Tropfen Zitronensaft servieren (nach Wahl).
- Geeignet für Pitta und Vata.

Gemüsepfanne
1 Karotte, in lange, dünne Streifen geschnitten
1 Paprikaschote, in lange, dünne Streifen geschnitten
½ Chicorée, in lange, dünne Streifen geschnitten
½ TL Ghee
¼ Tasse Wasser
½ TL Annapurna-Masala
½ TL Sojasauce
¼ TL Oregano

Salz
1 TL Walnussöl
1 TL Petersilie

Die Gemüse waschen und vorbereiten. Ghee erhitzen und Karotte hinzufügen. Wasser und Annapurna-Masala dazugeben und 3 bis 4 Minuten kochen.

Nun mit Paprika, Chicorée, Sojasauce, Oregano, und Salz ergänzen. Bei mittlerer Hitze noch etwa 2 bis 3 Minuten weiterköcheln lassen. – Vor dem Servieren mit Walnussöl beträufeln und mit Petersilie garnieren.

- Geeignet für Kapha, ohne Sojasauce für Pitta, ohne Chicorée auch für Vata.

Würziges Weißkraut
250 g Weißkohl
1 TL Sonnenblumenöl
¼ TL Pancha Poren
½ Zwiebel, klein geschnitten
½ TL frischer Ingwer, gehackt
½ grüne Chilischote
1 Messerspitze Asa foetida
½ TL Koriander, gemahlen
3 EL Wasser
½ TL Zitronensaft
1 Prise Salz
1 TL Sonnenblumenkerne

Den Weißkohl waschen und in feine, dünne Streifen schneiden. Öl erhitzen, Pancha Poren hineingeben und einige Sekunden anbraten.

Hitze reduzieren, die klein geschnittenen Zwiebeln hinzufügen und hellbraun braten.

Nun zerkleinerten Ingwer, Chili in feinen Streifen sowie Asa foetida, die Weißkohlstreifen, Koriander und 3 EL Wasser dazugeben, umrühren, zudecken und bei kleiner Hitze 5 bis 10 Minuten kochen lassen, bis der Weißkohl weich ist. Dann Zi-

tronensaft, Salz und Sonnenblumenkerne hinzufügen, Hitze zurückschalten. – Servieren.
- Für Kapha und Pitta geeignet.

Kohlrabischnitzel

1 Kohlrabi
½ Liter Wasser
1 Messerspitze Kurkuma
½ TL Salz
2 EL Kichererbsenmehl
3 EL Wasser
½ TL Semolina bzw. Grieß
1 TL Tridosha-Currymischung
½ TL Zitronensaft
1 Prise Salz
1 TL Sesam, ungeschält

Kohlrabi waschen, schälen und in mitteldicke Scheiben schneiden. Wasser mit Kurkuma und ½ TL Salz zum Kochen bringen. Die Kohlrabischeiben hineingeben und kochen, bis sie weich, aber noch bissfest sind. In ein Sieb geben und das Wasser ablaufen lassen.

Nun eine Mischung aus Kichererbsenmehl, 3 EL Wasser, Semolina, Curry, Zitronensaft und Salz herstellen. Den Backofen auf 180 Grad vorheizen. Die Kohlrabischeiben in der Mischung wenden und auf ein mit Backpapier belegtes Backblech legen. Obendrauf etwas Sesam geben und 15 bis 20 Minuten backen. Ein kleines Gefäß mit Wasser in den Ofen stellen, um das Austrocknen der Schnitzel zu vermeiden.
- Reduziert Pitta und Kapha, steigert Vata.

Nussige Spinat-Auberginen

150 g frischer Blattspinat
Wasser
1 kleine Zwiebel, in Würfel geschnitten
½ Knoblauchzehe, fein geschnitten

½ TL Bockshornkleeblätter
1 TL Ghee
¼ TL Fenchelsamen
¼ Aubergine, in Würfel geschnitten
½ TL Goda-Masala
1 TL Saraswat-Masala
1 Messerspitze Chilipulver
½ TL frischer Ingwer, gerieben
1 Prise Salz
1 TL Mandelstifte

Spinat in kaltem Wasser gut waschen und mit 3 EL Wasser zugedeckt 5 Minuten lang kochen.

Mit einem Mixstab den Spinat mit Zwiebeln, Knoblauch und Bockshornkleeblättern grob pürieren.

Ghee im Topf erhitzen, Fenchelsamen hinzufügen und die Hitze gleich zurückdrehen.

Auberginenwürfel mit 50 ml Wasser zufügen und etwas umrühren. Goda- und Saraswat-Masala, Chilipulver und Ingwer dazumischen und zugedeckt weitere 5 Minuten kochen, bzw. bis sie gar sind.

Spinatmischung hineingeben und ohne Deckel ganz kurz auf starker Flamme erwärmen. Abschmecken. – Und mit Mandelstiften garnieren.

- Reduziert Kapha und Pitta, steigert Vata.

Topinambur-Amarant-Kreation
4 Topinamburwurzeln
1 TL Ghee
1 Frühlingszwiebel, klein geschnitten
25 g Amarant
1 TL Tridosha-Currymischung
1 TL Tomatenmark
¼ TL Tandoori-Masala
2 Salbeiblätter
1 Prise Salz

200 ml Wasser
1 TL Schnittlauch

Topinambur waschen, schälen und in Würfel schneiden. Ghee auf mittlerer Hitze erwärmen und Frühlingszwiebel kurz andünsten. Amarant kurz waschen, in den Topf geben und 1 Minute anrösten.

Restliche Zutaten außer Schnittlauch mit heißem Wasser hinzufügen und zugedeckt 20 Minuten kochen lassen. – Mit Schnittlauch garnieren.

- Reduziert Kapha und Vata, steigert Pitta.

Kartoffel-Gurken in Kokos-und-Ingwer-Sauce

½ Gurke
1 mittelgroße Kartoffel, mehlig
1 EL Sonnenblumenöl
¼ TL Kreuzkümmel
½ Zwiebeln, klein gehackt
½ rote Chilischote, fein gehackt
100 ml Kokosmilch
¼ TL Saraswat-Masala
½ TL frischer Ingwer, gehackt
½ TL Zitronensaft
¼ TL Bockshornkleeblätter
1 Prise Salz
1 TL Schnittlauch

Gurke waschen und in mittelgroße Würfel (zirka 2 cm) schneiden. Kartoffel waschen, schälen und genauso schneiden.

In einem Topf Sonnenblumenöl erhitzen und Kreuzkümmel hinzufügen. Wenn er platzt, Hitze zurückdrehen, Zwiebel und Chili dazugeben und zirka 1 Minute andünsten. Kartoffelwürfel in Kokosmilch und etwas Wasser geben und zugedeckt auf mittlerer Hitze 5 Minuten kochen. Zwischendurch ein- oder zweimal kurz umrühren.

Nach 5 Minuten Gurkenwürfel zusammen mit ¼ TL Ingwer, Zitronensaft und Bockshornkleeblättern hineingeben, kurz

umrühren und nochmals 2 bis 3 Minuten auf niedriger Hitze kochen. Abschmecken. – Mit restlichem Ingwer und Schnittlauch garnieren.
- Geeignet für alle Doshas.

Pastinaken-Papaya-Pflanzerl
100 g Pastinaken
1 sehr reife Papaya
50 g Kichererbsenmehl
1 EL frische Korianderblätter, klein gehackt
1 TL Zitronensaft
½ TL Kapha-Churna
½ TL Kräuter der Provence
½ Knoblauchzehe, fein gehackt
1 EL Wasser
1 Prise Salz
50 g Rucolasalat, gewaschen und getrocknet
1 EL Sesam, ungeschält

Pastinaken waschen und fein reiben. Papaya schälen und entkernen, in eine Schüssel geben und mit einer Gabel zerdrücken. Alle Zutaten außer Rucola und Sesam hinzufügen und gut mischen, bis eine dicke Masse (wie Kartoffelpüree) entsteht.

Backofen auf 150 Grad Umluft vorheizen. Von der Masse zirka 6 cm lange Pflanzerl formen und auf ein Backblech mit Papier geben. Etwas Sesam auf jedes Pflanzerl streuen und für 15 Minuten auf der obersten Schiene im Ofen backen. – Eine Servierplatte mit Rucola vorbereiten und die fertigen Pflanzerl auf der Mitte der Platte anrichten.
- Geeignet für alle Doshas.

Kürbis-Kichererbsen-Pfannkuchen
250 g Muskatkürbis
50 g Kichererbsenmehl
½ TL Tandoori-Masala

1 EL Ahornsirup
1 Messerspitze Asa foetida
1 EL Schnittlauch, fein geschnitten
1 Messerspitze Zimt
200 bis 300 ml kaltes Wasser
1 TL Ghee
1 Prise Salz

Den Kürbis waschen und ungeschält fein reiben. In einer Schüssel die restlichen Zutaten außer Wasser, Ghee und Salz mischen und dann so viel Wasser darunterrühren, dass ein Pfannkuchenteig entsteht.

Den geriebenen Kürbis und Salz dazugeben, mischen und etwa 10 Minuten ruhen lassen. Eine gusseiserne Pfanne gut erhitzen und mit ein paar Tropfen Ghee bepinseln. Einen mittleren Schöpflöffel voll Teig in die Pfanne geben, sodass eine dünne Teigschicht entsteht. Die Hitze zurückschalten.

Den Pfannkuchen nach 1 Minute wenden und die Hitze wieder erhöhen, bis der Pfannkuchen auch auf der zweiten Seite gebräunt ist. So weiterverfahren, bis der Teig aufgebraucht ist.

- Reduziert Vata und Kapha, stärkt Pitta.

Gefüllte Zucchini auf Spinat
1 Zucchino
50 g geräucherter Tofu, fein gehackt
1 EL Birnendicksaft
1 Kartoffel, gekocht und püriert
½ Zwiebel, fein gehackt
½ Knoblauchzehe, gehackt
½ TL Ingwer, gemahlen
2 Messerspitze Kurkuma
50 ml Wasser
100 g Blattspinat, gewaschen
½ TL Oregano
1 TL Ghee
1 Prise Salz

1 TL Olivenöl
4 Salbeiblätter
3 Cocktailtomaten, halbiert

Backofen auf 200 Grad mit Grillfunktion vorheizen. Zucchino längs halbieren, das Fleisch mit einem Löffel herausnehmen und in eine Schüssel geben. Gehackten Tofu, Birnendicksaft, Kartoffelpüree, Zwiebel, Knoblauch, Ingwer und Kurkuma dazugeben, gut mischen und abschmecken. Die Masse wieder in die Zucchinihälften füllen und 5 bis 7 Minuten im Backofen grillen.

In der Zwischenzeit Wasser zum Kochen bringen und den Spinat zugedeckt 3 bis 4 Minuten kochen. Dann absieben. Oregano, Ghee und Salz mischen und auf einen Teller geben. Die fertig gegrillten Zucchini darauflegen und mit Olivenöl bepinseln. – Mit Salbeiblättern und Cocktailtomaten garnieren.

• Geeignet für alle Doshas.

Fisch und Fleisch

Fischnockerln
500 ml Wasser
150 g Rotbarschfilet (alternativ Seehecht- oder Seelachsfilet)
½ Zwiebel, klein gehackt
1 Knoblauchzehe, fein gehackt
3 EL Reismehl
½ TL Amchur
1 TL Tridosha-Currymischung
1 TL Petersilie, gehackt
1 Prise Salz
1 TL Ghee
1 Limette oder Zitrone, in Scheiben geschnitten
4 frische Minzblätter

Wasser zum Kochen bringen und das Filet zugedeckt 5 bis 7 Minuten darin garen. Absieben (Fischwasser aufheben) und das Filet abkühlen lassen. Backofen auf 180 Grad Umluft vorheizen.

Fisch in eine Schüssel umfüllen und Zwiebeln, Knoblauch, Reismehl, Amchur, Tridosha-Currymischung und Petersilie zugeben und gut mischen. Abschmecken. Dann mit 2 Esslöffeln zu Nockerln formen und auf ein Backblech mit Backpapier legen.

5 Minuten backen, danach 50 ml vom Fischwasser hinzufügen und noch 5 bis 7 Minuten auf mittlerer Ofenschiene weiterbacken. – Auf eine Servierplatte legen, Ghee darüberpinseln und mit Zitronenscheiben und Minzblättern garnieren.

- Reduziert Vata, steigert Pitta und Kapha.

Fischcurry »Goa-Art«

150 bis 200 g Red-Snapper- oder Lachsfilet ohne Gräten
½ TL Zitronensaft
¼ TL Kurkuma
½ TL frischer Ingwer, gerieben
1 Prise Salz
1 EL Sesamöl
Je ¼ TL Kreuzkümmel und Senfkörner, schwarz
1 Tomate, in Würfel geschnitten
200 ml Kokosmilch
½ TL Kapha-Churna
½ TL Tamarindenpaste
1 TL Jaggery
50 ml Wasser
1 EL Korianderblätter, gehackt

Fisch mit Zitronensaft, Kurkuma, Ingwer und Salz 10 Minuten marinieren.

In einem Topf Sesamöl erhitzen und Kreuzkümmel mit Senfkörnern bei reduzierter Hitze anbraten. Tomatenstücke, Kokosmilch, Kapha-Churna, Tamarindenpaste und Jaggery zumischen und unter Umrühren 3 Minuten kochen.

Filet und Wasser zugeben und zugedeckt 2 Minuten auf mitt-

lerer Hitze kochen. Danach einmal wenden, abschmecken und nochmals 2 Minuten kochen. – Mit frischen Korianderblättern garniert servieren.
- Reduziert Kapha und Vata, steigert Pitta.

Lachs mit Spargel
100 g weißer Spargel
750 ml Wasser
1 TL Salz
150 g Lachsfilet
1 EL Ghee
1 Knoblauchzehe, gehackt
3 Lorbeerblätter
4 Wacholderbeeren
2 Schalotten, geschält
1 TL Joshi-Masala
1 TL Semolina bzw. Grieß
100 ml Kokosmilch
2 Dillzweige

Den Spargel schälen und die holzigen Enden abschneiden. In einem Topf etwa 750 ml Wasser mit Salz aufkochen lassen. Den Spargel darin zirka 15 Minuten kochen lassen. Dann mit einem Schaumlöffel herausnehmen und warm halten.
Im gleichen Wasser das Fischfilet 3 Minuten pochieren, Hitze ausschalten und warm halten.
In einem anderen Topf Ghee erwärmen, Knoblauch, Lorbeerblätter, Wacholderbeeren, Schalotten hinzufügen und 1 Minute andünsten. 150 ml Fischsud dazugeben und unter starker Hitze aufkochen. Joshi-Masala, Semolina und Kokosmilch zumischen und auf niedriger Hitze mit einem Rührbesen 1 Minute ständig umrühren. Dann abschmecken. Den Lachs aus dem Sud nehmen. – Lachs zusammen mit dem Spargel auf einem Teller anrichten und mit der Sauce übergießen. Den Dill zum Garnieren verwenden.
- Reduziert Vata und Pitta, steigert Kapha.

Gambas in scharfsaurer Sauce

200 g Gambas
1 TL Zitronensaft
1 Prise Salz
1 TL Ghee
Je ¼ TL Kreuzkümmel und Fenchelsamen
½ Zwiebel, fein gehackt
½ Knoblauchzehe, fein gehackt
½ rote Chilischote, fein gehackt
200 ml Wasser
¼ TL Koriander, gemahlen
Je ¼ TL Nelken, Zimt und Kurkuma, gemahlen
1 TL Jaggery, gehackt
½ TL Tamarindenpaste
1 TL Korianderblätter, gehackt
5 schwarze Oliven, geschnitten

Gambas waschen, abtrocknen und mit Zitronensaft und Salz 5 Minuten marinieren.

Ghee erhitzen, Kreuzkümmel mit Fenchel zufügen. Wenn die Körner springen, Zwiebeln und Knoblauch hinzugeben, Hitze reduzieren, die Gambas mit Chili dazumischen und 1 Minute anbraten.

Wasser, Koriander, Nelken, Zimt, Kurkuma und Jaggery hineingeben. Kurz umrühren und zugedeckt bei starker Hitze 3 bis 4 Minuten kochen. Dann Hitze reduzieren, Tamarindenpaste dazugeben. – Mit Koriander und Oliven garnieren.

- Reduziert Vata und Kapha, in Maßen für Pitta.

Renke oder Zander in pikanter Zitronenmelisse-Erdnuss-Sauce

150 g Renke- oder Zanderfilet
1 Knoblauchzehe, fein gehackt
½ TL frischer Ingwer, gerieben
¼ TL Kurkuma
½ TL Salz

25 g Erdnüsse, ungesalzen
1 TL Harolikar-Masala
1 Zweig Zitronenmelisse
150 ml Wasser
1 TL Ghee
½ TL Zitronensaft
1 Prise Salz
1 TL Sonnenblumenöl
2 Zitronenscheiben

Als Erstes den Fisch mit Knoblauch, Ingwer, Kurkuma und Salz marinieren (mindestens 5 Minuten lang).

Erdnüsse, Harolikar-Masala, Zitronenmelisseblätter und Wasser gut pürieren. Ghee in einem Topf erwärmen und die Erdnuss-Sauce darin 5 Minuten bei mittlerer Hitze kochen. Mit Zitronensaft und Salz abschmecken, anschließend alles warm halten.

In einer Pfanne Sonnenblumenöl erhitzen und jede Seite der Fischfilets jeweils 1 Minute anbraten. – Die Erdnuss-Sauce auf einem Servierteller herrichten und den Fisch darauflegen. Mit Zitronenscheiben garnieren.

- Reduziert Vata und Kapha, steigert Pitta.

Kabeljau in würziger Kokosmilchsauce
150 g Kabeljaufilet
½ TL Saraswat-Masala
1 Messerspitze Asa foetida
½ TL Zitronensaft
½ TL Salz
½ grüne Chilischote
Je 1 Prise Amchur, Nelken, Kreuzkümmel und Kurkuma
1 Zwiebel
½ TL Goda-Masala
100 ml Kokosmilch
1 TL Ghee
¼ TL Ajwain

1 Tomate, gewürfelt
1 Tasse Wasser
1 Prise Salz
1 EL Korianderblätter, gehackt

Den Fisch mit Saraswat-Masala, Asa foetida, Zitronensaft und Salz marinieren (mindestens 5 Minuten).

Chili, Amchur, Nelken, Kümmel, Kurkuma, Zwiebel, Goda-Masala und Kokosmilch zu einer Paste pürieren.

Ghee in einer Pfanne erhitzen und Ajwain hinzufügen. Hitze reduzieren, die Tomatenstücke mit fertiger Paste hineinmischen und umrühren. Mit 1 Tasse Wasser ohne Deckel 5 Minuten kochen, dann abschmecken.

Den Fisch dazugeben und weiterkochen. Fisch wenden und noch 1 Minute garen. – Mit frischem Koriandergrün garnieren.

- Reduziert Vata und Kapha, steigert Pitta.

Mariniertes und gegrilltes Hähnchenfilet

150 g Hähnchen-Brustfilet
200 g Joghurt
1 TL Tandoori-Masala
½ TL Korma-Masala (Fertigmischung)
½ TL Ingwer, gemahlen
1 Knoblauchzehe, klein geschnitten
1 Messerspitze Chili, gemahlen
1 TL Zitronensaft
1 Messerspitze Kurkuma
½ TL brauner Zucker
1 Prise Salz

Filetstück in 4 bis 6 Scheiben teilen und in eine Schüssel geben. Dann die anderen Zutaten darübergeben und alles gut mit den Hähnchenstücken vermischen. Diese Marinade mindestens 3, höchstens 10 Stunden einziehen lassen.

Den Backofen auf 180 Grad (Umluft) vorheizen. Das marinierte Fleisch in eine feuerfeste Form geben, flach verteilen

und etwa 20 Minuten backen. Zum Schluss noch zirka 2 Minuten die Grillfunktion des Backofens zuschalten.
- Reduziert Vata und Kapha, steigert Pitta.

Lammfleisch in würziger Sauce
150 g Lammgulasch
1 Liter Wasser
½ TL Pfefferkörner
Je 2 Kardamomkapseln, Nelken und Lorbeerblätter
1 Zwiebel, grob geschnitten
1 TL Himalaya-Masala
Je ¼ TL Chilipulver und Ingwer, gemahlen
1 Tomate, blanchiert und geschält
50 ml Wasser
1 TL Senföl
1 TL Jaggery, gehackt
¼ TL Macisblütenpulver
1 Prise Salz
1 TL Korianderblätter, geschnitten

Das Fleisch waschen. In einen Dampfkochtopf Wasser mit den 4 jeweils ganzen Gewürzen (Pfefferkörner, Kardamom, Nelken und Lorbeer) geben und das Fleisch darin zugedeckt 30 Minuten bei mittelstarker Hitze gar kochen. Wasser beiseitestellen.
Inzwischen Zwiebeln, Himalaya-Masala, Chili- und Ingwerpulver, Tomate und Wasser gut pürieren.
Senföl im Topf erwärmen, die pürierte Sauce zufügen und bei mittlerer Hitze etwa 5 Minuten langsam umrühren. Jaggery und Macispulver zumischen.
Das Fleisch und etwa bis zu 200 ml des beiseitegestellten Fleischwassers daruntergeben und kurz umrühren. Abschmecken und zugedeckt noch 2 Minuten erhitzen. – Mit Koriandergrün garnieren.
- Reduziert Vata, steigert Kapha, in Maßen für Pitta.

Rehragout

150 g Rehfilet
1 TL Ghee
½ Zwiebel, gewürfelt
1 Tasse Wasser
1 TL Vata-Churna
1 TL Kailash-Masala
100 ml Kokosmilch
½ gelbe Paprika
½ Zucchino, gewürfelt
¼ TL Ingwer, gemahlen
1 Prise Salz
1 TL Pinienkerne, leicht geröstet

Das Fleisch waschen und abtrocknen. In einer Pfanne Ghee erhitzen, Fleisch und Zwiebeln kurz andünsten. Wasser zufügen und zugedeckt auf mittlerer Hitze 10 Minuten kochen. Vata-Churna, Kailash-Masala und Kokosmilch zumischen und umrühren. Zugedeckt bei niedriger Hitze weiterkochen, bis das Fleisch gar ist. Paprika und Zucchini dazugeben und kurz aufkochen. Mit Ingwer und Salz abschmecken. – Umfüllen und mit Pinienkernen garnieren.

- Reduziert Vata und Pitta, steigert Kapha.

Kaninchenfleisch in süßscharfer Sauce

2 Kaninchenfilets
Je 1 TL Himalaya-Masala und Tamarindenpaste
½ TL Salz
250 ml Wasser
½ Zwiebel, fein geschnitten
½ Chilischote
50 g Jaggery
150 ml Wasser
1 TL Ghee
¼ TL Ajwain
4 Curryblätter

1 Kartoffel, klein geschnitten
100 ml Wasser
1 Prise Salz
1 Chilischote, gehackt, zum Garnieren
1 TL Pinienkerne

Kaninchenfleisch waschen, abtrocknen und mit Himalaya-Masala, Tamarindenpaste und Salz 20 Minuten marinieren. Den Backofen auf 220 Grad Umluft vorheizen. Danach das Fleisch in eine feuerfeste Form umfüllen, etwa 250 ml Wasser hinzufügen und im Backofen auf mittlerer Schiene 20 Minuten backen, bis es bräunlich rot und knusprig wird. Das Fleisch in Querscheiben schneiden und wieder bei 200 Grad 3 Minuten im Backofen grillen.
Zwiebelwürfel, Chilischote und Jaggery mit Wasser pürieren. In einem Topf Ghee erhitzen. Ajwain und Curryblätter kurz anrösten. Kartoffelstücke mit 100 ml Wasser zumischen und zugedeckt auf mittlerer Hitze 5 Minuten kochen.
Zwiebelpüree dazugeben und weitere 5 Minuten ohne Deckel kochen. Abschmecken und auf einen Servierteller umfüllen. Das Kaninchenfleisch darüberlegen. – Mit frischen Chilischoten und Pinienkernen garnieren.
• Reduziert Kapha, steigert Vata und Pitta.

Putenfleisch in feuriger Sauce
1 TL Ghee
Je ¼ TL Kreuzkümmel und Senfkörner, schwarz
½ Zwiebel, gewürfelt
1 Knoblauchzehe, fein gehackt
5 Curryblätter
1 Chilischote, fein gehackt
1 Putenbrustfilet, gewürfelt
100 ml Wasser
¼ TL Kurkuma
1 Apfel, klein gewürfelt
100 g Kokoscreme

1 EL Tridosha-Currymischung
1 Prise Salz
½ TL frischer Ingwer, gerieben
1 TL Koriander oder Petersilie, gehackt

Ghee erhitzen und den Kreuzkümmel mit den Senfkörnern springen lassen. Hitze reduzieren. Zwiebel, Knoblauch, Curryblätter, Chili und Putenstücke mit Wasser, Kurkuma und dem Apfel zufügen. Umrühren und zugedeckt bei starker Hitze 2 Minuten kochen.

Kokoscreme und Tridosha-Currymischung zugeben, umrühren und weitere 5 Minuten zugedeckt bei niedriger Hitze kochen. Alles mit Salz und Ingwer abschmecken. – Umfüllen und mit frischem Koriander oder Petersilie garnieren.

- Reduziert Pitta, steigert Vata; in Maßen für Kapha.

Huhn mit Spinat

100 g frischer Spinat
250 ml Wasser
1 EL frischer Ingwer, gerieben
½ grüne Chilischote
1 TL Koriander, gemahlen
½ TL Salz
1 TL Sonnenblumenöl
¼ TL Fenchelsamen
1 Hähnchenbrustfilet, gewürfelt
1 TL Ghee
1 TL Mandeln, gehackt
½ Tomate, gewürfelt

Spinat waschen, grob schneiden und in etwa 250 ml Wasser 3 Minuten kochen. Dann 100 ml vom übrigen Spinatwasser nehmen und zusammen mit frischem Ingwer, Chili, gemahlenem Koriander und Salz gut pürieren.

Sonnenblumenöl im Topf erhitzen und Fenchelsamen zufügen. Wenn die Körner springen, Hitze reduzieren und die Fleischstücke darin 2 Minuten mit 100 ml Spinatwasser zuge-

deckt andünsten. Deckel entfernen und weiterkochen, bis das Wasser aufgesaugt wurde. Spinatpüree zumischen, umrühren, abschmecken und 1 Minute kurz aufkochen. – Umfüllen und mit Ghee, Tomatenstücken und Mandeln garnieren.
- Reduziert Kapha und Pitta, steigert Vata.

Getreide und Hülsenfrüchte

Kichadi (Reis-Linsen-Gericht)
½ Tasse Reis
½ Tasse gelbe Linsen
1 TL Ghee
Je ¼ TL Senfkörner und Ajwain
¼ TL Bockshornkleeblätter
Je 1 gute Messerspitze Asa foetida und Kurkuma
Je 2 Nelken und Kardamomkapseln
3 Curryblätter
Chilipulver nach Wahl
Salz
3 Tassen heißes Wasser

Reis und Linsen gut waschen und abgießen. ½ TL Ghee in einem Topf erhitzen, Senfkörner sowie Ajwain anrösten, bis sie zerspringen, dann alle weiteren Gewürze (außer Salz) sowie Reis und Dal (Linsen) hinzufügen.
Mit heißem Wasser auffüllen. 10 bis 20 Minuten bei geringer Hitze kochen lassen, je nach Konsistenz eventuell mehr Wasser zufügen. Zum Schluss mit Salz abschmecken und mit restlichem Ghee verfeinern (nach Wahl).
- Gut für alle Doshas.

Gemüse-Reis-Pfanne
50 g Basmatireis
1 TL Ghee oder Öl

¼ TL Kreuzkümmel
½ TL frischer Ingwer, gehackt
Je 2 Messerspitze Kurkuma und Asa foetida
1 TL Harolikar-Masala
2 grüne Kardamomkapseln
100 g gemischtes Gemüse, gewürfelt
250 ml Wasser
1 Prise Salz
1 Tomate, klein gewürfelt
½ Chilischote, klein gehackt
2 TL geröstete Cashewnüsse
1 geviertelte Zitrone

Den Reis in kaltem Wasser waschen, anschließend 20 Minuten einweichen und abtropfen lassen.

Ghee oder Öl in einer Pfanne erhitzen und Kreuzkümmel, Ingwer sowie alle weiteren Gewürze (außer Salz und Chili) zirka 1 Minute darin rösten. Nun das Gemüse bis auf die Tomate zufügen und weitere 2 Minuten braten lassen.

Den abgetropften Reis untermischen, das Wasser und Salz hinzugeben und zum Kochen bringen. Nun wird der Topf geschlossen und alles so lange bei geringer Hitze etwa 10 Minuten gekocht, bis der Reis das gesamte Wasser aufgesogen hat.

Schließlich die gehackten Tomaten, Chilischote und Cashewnüsse hineingeben und vorsichtig mischen. – Den Reis mit den Zitronenvierteln garnieren und warm servieren.

- Geeignet für alle Doshas.

Bulgur-Gemüse-Risotto
200 ml Wasser
50 g Bulgur (gekochter, getrockneter Weizen)
1 Messerspitze Salz
1 TL Öl
1 Frühlingszwiebel, in dünnen Scheiben
½ Karotte, geschält und in schmale Scheiben geschnitten

½ grüne Paprika, in dünnen Streifen
¼ TL Kailash-Masala
½ TL Zitronensaft
¼ TL Kräuter der Provence
5 Oliven

Wasser zum Kochen bringen, Bulgur mit Salz 10 Minuten kochen. In ein Sieb schütten und ablaufen lassen.

Öl erhitzen und darin Frühlingszwiebeln kurz anbraten. Gemüse sowie Kailash-Masala und Zitronensaft hineingeben und etwa 2 Minuten bei mittlerer Hitze weiterbraten.

Nun Bulgur und Kräuter der Provence vorsichtig untermischen. – Mit Oliven garniert, warm servieren.

• Geeignet für alle Doshas.

Reis mit Chicorée
500 ml Wasser
50 g Basmatireis
Je 2 Kardamomkapseln und Nelken
1 Chicorée, in lange Streifen geschnitten
1 Prise Salz
½ TL Himalaya-Masala
½ TL Ghee

Wasser zum Kochen bringen. Reis waschen und zusammen mit Kardamom und Nelken ins kochende Wasser geben. Bei kleiner Hitze ohne Deckel zirka 10 Minuten kochen.

Nach 5 Minuten Chicorée und Salz zufügen. Den fertigen Reis in einem Sieb ablaufen lassen. Mit Himalaya-Masala und Ghee auflockern.

• Gut für alle Doshas.

Gemischte Getreidepfanne
10 g Dinkel
10 g Hirse
10 g Bulgur (gekochter, getrockneter Weizen)

10 g Quinoa
Wasser
2 EL Sesamöl
1 Frühlingszwiebel, in Ringe geschnitten
½ frische Chilischote, fein gehackt
½ TL Kapha-Churna
1 TL Zitronensaft
1 Prise Salz
1 EL Sonnenblumenkerne, angeröstet
5 frische Minzblätter

Alle Getreidesorten nach und nach (gemäß Packungsanleitung) in genügend heißem Wasser bissfest kochen und absieben. In einer großen Pfanne Sesamöl erwärmen und Zwiebel und Chili einige Sekunden auf mittlerer Hitze anbraten. Getreide zumischen. Kapha-Churna, Zitronensaft und Salz zufügen und leicht umrühren, zudecken und 1 Minute weiterkochen. – Mit Sonnenblumenkernen und Minzblättern garnieren.

- Geeignet für alle Doshas.

Dinkel-Linsen-Topf

25 g Dinkelkörner
20 g halbierte Sojabohnen
10 g rote Linsen
Wasser
2 Messerspitze Kurkuma
¼ TL Fenchel, gemahlen
½ TL Annapurna-Masala
1 Prise Salz
1 TL Ghee
½ rote Paprika, gewürfelt

Dinkel, Bohnen und Linsen separat in ausreichend lauwarmem Wasser einige Stunden einweichen (am besten über Nacht).

Wasser abgießen. Etwa 250 ml Wasser zum Kochen bringen.

Dinkelkörner zufügen und auf mittlerer Hitze zugedeckt 10 Minuten kochen.

Danach Sojabohnen und Linsen zusammen mit allen Gewürzen und Salz zugeben und nochmals zugedeckt 10 Minuten kochen, bis sie gar sind und keine Flüssigkeit mehr übrig bleibt. Ghee leicht hineinmischen. – Mit Paprikawürfeln garnieren.

- Reduziert Vata und Pitta, steigert Kapha.

Spargel in Safran-Hirse
150 g weißer Spargel
Wasser
1 TL Ghee
1 Frühlingszwiebeln, in Ringe geschnitten
½ Karotte, gewürfelt
½ Zucchino, gewürfelt
50 g Hirse
2 Messerspitze Safranpulver (nach Wahl)
1 EL Cashewnüsse
50 ml Kokosmilch
1 Prise Salz

Den Spargel waschen, schälen, schräg in Stücke schneiden und in einem großen Topf mit 500 ml kochendem Wasser garen. Beiseitestellen

Ghee erwärmen. Frühlingszwiebeln, Karotten und Zucchiniwürfel zufügen und 1 Minute andünsten.

Hirse mit 150 ml heißem Wasser zugedeckt auf mittlerer Hitze 5 Minuten kochen. Danach Safranpulver, Cashewnüsse, Kokosmilch und Salz zugeben. Hitze 1 Minute erhöhen, umrühren und zudecken. Hitze ausschalten und weitere 3 Minuten quellen lassen. Zum Schluss den Spargel dazumischen und kurz umrühren. – Mit angedünsteten Frühlingszwiebeln, Karotten und Zucchiniwürfeln garnieren.

- Geeignet für alle Doshas.

Würziges Linsenpüree (Dal)

50 g gelbe Linsen (oder geschälte halbierte Mungbohnen)
600 ml Wasser
¼ TL Kurkuma
1 Messerspitze Asa foetida
1 TL Pitta-Churna
1 EL Kokosflocken
1 TL Sonnenblumenöl
Je ¼ TL Senfkörner und Kreuzkümmel, ganz
2 Curryblätter
1 TL Jaggery
½ Knoblauchzehe, gehackt
½ Zwiebel, in dünne Scheiben geschnitten (nach Wahl)
½ Tomate, klein geschnitten
½ TL Zitronensaft
1 Prise Salz
1 TL Koriandergrün oder Petersilie, gehackt

Die gelben Linsen sehr gut abwaschen und in 500 ml Wasser einweichen, am besten über Nacht. Anschließend das alte Wasser abschütten. Dann 100 ml frisches Wasser zum Kochen bringen und die Linsen sowie Kurkuma und Asa foetida hineingeben und bei geringer Hitze zirka 30 Minuten kochen.

Pitta-Churna und Kokosflocken untermischen und weitere 5 bis 10 Minuten köcheln lassen.

1 TL Öl in einer Pfanne erhitzen, Senfkörner und Kreuzkümmel anbraten, bis sie platzen. Dann die Curryblätter, Jaggery, Knoblauch und Zwiebeln sowie die Tomaten dazugeben, kurz braten. Mit Zitronensaft schnell unter die gekochten Linsen geben. Abschmecken. – Das Gericht heiß mit frischem Koriandergrün oder Petersilie garniert servieren.

- Reduziert Pitta und Kapha, für Vata flüssiger, nur in geringerer Menge verzehren.

Pikantes Kichererbsen-Karotten-Gericht
25 g Kichererbsen
Wasser
2 Messerspitze Asa foetida
1 Messerspitze Kurkuma
Salz
1 EL Raps- oder Walnussöl
¼ Zwiebel, klein geschnitten
½ TL frischer Ingwer, gehackt
½ Knoblauchzehe, gehackt
1 Tomate, klein geschnitten
1 TL Garam-Masala
½ Karotte, in kleine Würfel geschnitten
1 TL Mandeln, gemahlen
1 TL Korianderblätter oder Petersilie, gehackt

Die Kichererbsen gut waschen und über Nacht in Wasser einweichen. Am nächsten Tag absieben und mit frischem Wasser bedeckt aufsetzen. Asa foetida, Kurkuma und etwas Salz hinzufügen und bei mittlerer Hitze in etwa 30 Minuten weich kochen lassen. Wasser aufheben.

Inzwischen das Rapsöl erhitzen und klein geschnittene Zwiebel, Ingwer und Knoblauch etwa 2 Minuten darin anbraten. Tomatenwürfel und Garam-Masala hineinrühren und weitere 2 Minuten bei mittlerer Hitze braten.

Karotten und 1 Tasse vom gekochten Kichererbsenwasser dazugeben, weitere 5 Minuten kochen. Nun mit den gemahlenen Mandeln und den Kichererbsen vermischen und nochmal mit Salz abschmecken. – Warm servieren, garniert mit frischem Koriander oder Petersilie.

- Reduziert Kapha, steigert Vata, in Maßen für Pitta.

Linsen mit Gemüse
50 g Masoor Dal (geschälte, halbierte rote Linsen)
300 ml Wasser
50 g Petersilienwurzel, gewürfelt

¼ Aubergine, gewürfelt
½ Zwiebel
½ Chilischote, gehackt
½ TL Tamarindenpaste
1 TL Jaggery, gerieben
Je 1 Prise Kurkuma, Amchur und Asa foetida
1 TL Ghee
¼ TL Senfkörner
4 Curryblätter
1 EL Kokosflocken
Salz
½ Tomate, gewürfelt

Linsen abwaschen und ohne Deckel auf mittlerer Hitze kochen.

Petersilienwurzel, Auberginenwürfel, Zwiebel, Chili, Tamarindenpaste und Jaggery zumischen. Gemahlene Gewürze zufügen und weiterkochen, bis die Linsen gar sind.

Ghee erhitzen. Senfkörner zusammen mit den Curryblättern kurz anrösten und den Linsen zumischen. Dann Kokosflocken zu den Linsen geben. Abschmecken und kurz aufkochen. – Mit Tomatenstücken garnieren.

- Reduziert Pitta und Kapha, steigert Vata.

Mungbohnen in Sesamsauce

25 g Mungbohnen, ganz
Wasser
1 Prise Asa foetida
1 EL Sesam, ungeschält
¼ TL Amchur
½ TL Tridosha-Currymischung
1 TL Ghee
¼ TL Fenchelsamen
1 Knoblauchzehe, in dünne Scheiben geschnitten
1 TL frischer Ingwer, gerieben
Salz

Mungbohnen einen Tag vorher gründlich abwaschen und in 500 ml lauwarmem Wasser 4 bis 6 Stunden einweichen. Dann das Wasser fortschütten und in ein Keimgerät oder in ein gewöhnliches Sieb umfüllen und über Nacht sprießen lassen.

500 ml Wasser zum Kochen bringen und die Mungbohnen mit Asa foetida halb zugedeckt 30 Minuten auf mittlerer Hitze kochen. Sesam, Amchur und Curry zufügen und weitere 5 Minuten unter Rühren kochen.

In einer Pfanne das Ghee erhitzen, Fenchel, Knoblauch und Ingwer anrösten und zu den bereits gekochten Bohnen geben. Alles abschmecken und kurz aufkochen.

- Reduziert Kapha und Pitta, in Maßen auch für Vata geeignet.

Beilagen und Salate

Topinambur-und-Mais-Patties
100 g Topinambur
Etwas Wasser
2 EL Polenta
6 EL Dinkelmehl
1 Messerspitze Kurkuma
¼ TL Amchur
1 Messerspitze Nelken, gemahlen
1 TL Ghee
1 Prise Salz
50 g Maiskörner
1 EL Sonnenblumenkerne
1 EL Olivenöl
1 TL Schnittlauch

Topinambur waschen, kochen, schälen und anschließend in eine Schüssel geben. Wasser, Polenta, Dinkelmehl, Kurkuma, Amchur, Nelken, Ghee und Salz hinzufügen und ein Püree herstellen. Die Masse in 8 Stücke aufteilen. Den Backofen auf 180 Grad Umluft vorheizen.

Jede Topinamburpüree-Portion auf etwa 8 cm Durchmesser ausrollen. Mais und Sonnenblumenkerne in die Mitte geben und den Rand darüberklappen, sodass eine Art »Burger«form entsteht.

Mit Olivenöl bepinseln, auf ein Blech mit Backpapier geben und 10 bis 15 Minuten auf der mittleren Schiene im Ofen backen. – Mit Schnittlauch garnieren.

- Reduziert Vata, steigert Pitta und Kapha.

Bandnudeln in würziger Kokossauce

1 EL Rapsöl
1 kleine Zwiebel, grob geschnitten
½ Knoblauchzehe, fein gehackt
1 Tomate, in große Würfel geschnitten
Je ¼ TL Zimt, Amchur, Chili, und Tandoori-Masala, gemahlen
100 ml Kokosmilch
Wasser
1 TL Salz
25 g Vollkornbandnudeln
1 TL Olivenöl
½ TL Oregano
Je ½ TL Kerbel und Schnittlauch, geschnitten

Eine Pfanne mit Rapsöl erwärmen. Auf mittlerer Hitze Zwiebeln und Knoblauch 1 Minute andünsten. Tomatenstücke zufügen und 1 Minute weiter anbraten.

Die gemahlenen Gewürze zumischen, kurz anrösten, Kokosmilch hinzufügen, kurz umrühren, abschmecken und die Hitze auf ganz niedrige Stufe stellen.

500 ml Wasser zum Kochen bringen, Salz und Bandnudeln zufügen, umrühren und al dente kochen. Absieben und ganz wenig kaltes Wasser darüberträufeln. Mit Olivenöl und Oregano mischen. In eine Schüssel umfüllen und die wür-

zige Kokossauce darübergießen. – Mit frischem Kerbel und Schnittlauch garnieren.
- Reduziert Vata und Pitta, steigert Kapha.

Kartoffeln in kalter Minzsauce
100 g Kartoffeln, überwiegend festkochend
15 frische Minzblätter oder 1 TL Minzpaste
1 TL Zitronensaft
½ TL Honig
½ grüne Chilischote
1 Prise Salz
100 ml Wasser
50 g Mandeln, gemahlen
1 TL Ghee
1 EL Sesam, ungeschält

Kartoffeln kochen, schälen und in große Würfel schneiden. Abkühlen lassen. Die Minzblätter, Zitronensaft, Honig, Chilischote, Salz und Wasser zugeben und pürieren.
Zusammen mit den gemahlenen Mandeln und Ghee zu den Kartoffeln hinzufügen und leicht mischen. – Mit Sesam garnieren.
- Reduziert Pitta und Vata, steigert Kapha.

Penne mit Mangold
1 Knoblauchzehe, geschält
½ TL Pesto
1 TL Zitronensaft
1 TL Ahornsirup
½ TL frischer Ingwer, gerieben
¼ TL Kapha-Churna
Wasser
Salz
25 g Penne, Vollkorn
100 g Mangold
1 TL Olivenöl
100 g eingelegte getrocknete Tomaten

Knoblauch, Pesto, Zitronensaft, Ahornsirup, Ingwer, Kapha-Churna und 3 EL Wasser in eine Schüssel geben und mit einem Mixstab gut pürieren. Beiseitestellen. 500 ml Salzwasser zum Sieden bringen und die Penne darin al dente kochen. Währenddessen den geschnittenen Mangold waschen, Stiele entfernen und in Streifen schneiden; dem Nudeltopf nach zirka 3 Minuten zugeben und mitkochen. Dann absieben. Olivenöl dazugeben und in eine Schüssel umfüllen. Die fertige Sauce darübergeben und leicht umrühren. – Mit getrockneten Tomatenstreifen garnieren.
- Reduziert Kapha und Vata, steigert Pitta.

Spargel mit Sojasprossen und Ingwerdressing
100 g weißer Spargel
100 g grüner Spargel
1 Liter Wasser
Salz
1 EL Zitronensaft
1 TL Ghee
25 g Magerquark
½ TL frischer Ingwer, gerieben
25 g Feldsalat, geputzt
50 g Sojasprossen

Den Spargel waschen, vom Kopf bis zum Stiel hin dünn schälen und die harten Spargelenden abschneiden. Wasser mit etwas Salz und ½ EL Zitronensaft zum Kochen bringen und die Spargel etwa 15 Minuten bissfest kochen, absieben und dann abkühlen lassen. Spargelwasser aufheben. Ghee zum Spargel mischen.
Quark, Ingwer, 1 EL kaltes Spargelwasser, ½ EL Zitronensaft und Salz gut mischen. – Feldsalat und Sojasprossen auf den Tellerrand legen. Spargel in der Mitte platzieren und mit Ingwerdressing garnieren.
- Reduziert Kapha und Pitta, steigert Vata.

Gurkensalat

½ Gurke
200 g Magerjoghurt
1 TL Ingwer, gehackt
½ TL Kreuzkümmel, gemahlen
1 Prise Salz
1 TL frische Petersilie oder Koriander
1 EL Mandeln, gehackt

Gurke in kleine Würfel schneiden. Joghurt cremig rühren, Ingwer, Kümmel und Salz hinzufügen. Gurkenwürfel darunterheben. – Mit Petersilie oder Koriander und Mandeln garnieren.

- Gut für Pitta.

Bockshornklee-Mungsprossen-Salat

50 g Bockshornkleesprossen
50 g Mungsprossen
½ Zwiebel, gewürfelt
1 Prise Salz
1 EL Olivenöl
6 Curryblätter
¼ TL Asa foetida
½ grüne Chilischote, in kleine Ringe geschnitten
1 TL Zitronensaft
1 EL Kokosflocken
1 TL frischer Koriander, gehackt

Bockshornklee- und Mungsprossen, Zwiebelwürfel und Salz vermischen, dann beiseitestellen.

Öl erhitzen, Curryblätter, Asa foetida sowie Chili darin anbraten. Über den Salat geben. Zitronensaft hinzufügen und alles gut vermischen. – Mit Kokosflocken und frischem Koriander garnieren.

- Gut für Pitta und Kapha.

Pikanter Karottensalat

2 Karotten
1 TL Olivenöl
Je ¼ TL Kreuzkümmel, Senfkörner, Ajwain und Rohrzucker
1 Messerspitze Asa foetida
4 Curryblätter
1 EL Erdnüsse, grob zerstoßen
2 EL Magerjoghurt
1 TL Schnittlauch
Salz

Die Karotten waschen und schälen. Fein reiben. In einer Pfanne Öl erhitzen, alle Gewürze sowie Erdnüsse hinzugeben und kurz anrösten. Die Mischung unter die Karotten geben, ebenso Joghurt, Schnittlauch und Salz.

- Geeignet für alle Doshas, ohne Joghurt für Kapha.

Kartoffel-Kokos-Salat

2 EL Kokosflocken
Wasser
2 mittelgroße Kartoffeln, festkochend
1 TL Ghee
¼ TL Senfkörner
5 Curryblätter
¼ TL Vata-Churna
25 g Jaggery, gerieben
1 Prise Salz
1 TL frische Korianderblätter, gehackt

Die Kokosflocken in 100 ml lauwarmem Wasser 20 Minuten einweichen. Die Kartoffeln in Wasser garen, pellen und in mittelgroße Würfel schneiden. Etwas abkühlen lassen.

Ghee erwärmen und darin die Senfkörner und die Curryblätter kurz anrösten und zu den Kartoffelwürfeln geben. Vata-Churna, Jaggery und Salz ebenfalls zugeben, leicht mischen

und schließlich die Kokosflocken mitsamt Einweichwasser zufügen. – Mit Korianderblättern garnieren.
- Reduziert Vata und Pitta, in Maßen für Kapha geeignet.

Rote-Bete-Relish
1 Rote Bete
Wasser
1 Apfel
¼ EL Zitronensaft
25 g Jaggery
½ TL Chili, klein gehackt
1 TL Walnussöl
2 Schalotten
Salz
1 TL Korianderblätter, geschnitten

Rote Bete waschen und in kochendem Wasser garen. Schälen und in dünne Scheiben schneiden. Apfel schälen, grob schneiden, zusammen mit Zitronensaft, Jaggery, Chili und Walnussöl im Mixer oder mit dem Mixstab pürieren und zu den Rote-Bete-Scheiben geben.

Die Schalotten schälen, halbieren, in Scheiben schneiden und ebenfalls untermischen. Abschmecken und gut durchziehen lassen (eventuell über Nacht). – Mit Korianderblättern garniert servieren.
- Reduziert Vata und Pitta, steigert Kapha.

Brot, Chutneys und Dips

Indisches Fladenbrot (Chapati)
100 g Dinkel- oder Chapati-Schrotmehl
1 TL Sonnenblumenöl
¼ TL Salz
¼ TL Bockshornkleeblätter, getrocknet
Lauwarmes Wasser

1 TL Öl zum Braten
1 EL Ghee

Mehl, Öl, Salz sowie Bockshornkleeblätter mischen und mit lauwarmem Wasser einen geschmeidigen Teig herstellen. Bei Zimmertemperatur einige Zeit ruhen lassen.

Aus dem Teig etwa 6 Bällchen formen, diese anschließend ausrollen (zirka 15 cm im Durchmesser). In einer sehr heißen Pfanne jeweils etwa 1 Minute jede Seite trocken braten. Dann herausnehmen, etwas Ghee gleichmäßig daraufstreichen und in einem Wärmebehälter aufbewahren.

- Geeignet für Pitta und Kapha, in Maßen für Vata.

Blättriges Fladenbrot
1 Ei
Etwa 100 ml Milch
1 TL Zucker
3 EL Sonnenblumenöl
1 Messerspitze Salz
100 g Chapati-Mehl (Schrotmehl)
1 EL Ghee

Eine Mischung aus Ei, Milch, Zucker, 1 EL Öl und Salz herstellen. Diese unter das Mehl mengen und sehr gut verkneten. Den Teig 30 Minuten ruhen lassen.

Aus dem Teig gleiche Portionen formen und einige Tropfen Öl darauf verteilen.

Jede Portion zu einem Fladen von zirka 30 cm Durchmesser ausrollen. Mit Öl bestreichen. Nun zu einer langen dünnen »Zigarre« aufrollen und diese wiederum zu einer Schnecke formen.

Erneut zu einem zirka 12 cm runden Fladen ausrollen. Diesen in einer heißen, trockenen Pfanne backen. Nur einmal wenden! Wenn der Fladen fertig ist, Öl oder Ghee darüberstreichen.

- Geeignet für alle Doshas.

Pikante hauchdünne Fladen (Theplas)
50 g Dinkelmehl
1 EL Kichererbsenmehl
1 EL Mais- oder Reismehl
½ TL Kreuzkümmel, ganz
½ TL Kapha-Churna
4 Bärlauchblätter, klein gehackt, alternativ andere frische Kräuter
Salz
2 TL Ghee
Lauwarmes Wasser

Alle Zutaten und 1 TL Ghee mischen und mit Wasser einen Teig formen. Den Teig in 4 bis 6 Stücke teilen und dünn ausrollen.
Eine Pfanne mit wenigen Tropfen Ghee erwärmen, die Theplas jeweils 1 bis 2 Minuten auf jeder Seite ausbacken.

- Reduziert Vata, steigert Kapha, in Maßen geeignet für Pitta.

Gefüllte Fladen (Rotis)
100 g Chapati-Mehl (Schrotmehl)
4 TL Ghee
1 Prise Salz
Wasser
3 EL Dinkelgrieß
1 EL Jaggery
Je 1 Prise Kardamom und Muskatnuss, gemahlen

Mehl, 1 TL Ghee und Salz in eine Schüssel geben und mit lauwarmem Wasser kneten, bis ein mittelfester Teig entsteht. In einer Pfanne 1 TL Ghee erwärmen und Dinkelgrieß 5 Minuten bei niedriger Hitze anrösten. 150 ml Wasser zum Kochen bringen und dem Grieß unter ständigem Rühren mit dem Schneebesen zufügen. Gewürze zugeben und unter Rühren 1 bis 2 Minuten weitergaren, bis eine feste Masse entsteht.
Den Teig in 4 Stücke teilen, zu etwa 8 cm Durchmesser aus-

rollen. 2 bis 3 EL von dem Grieß in die Mitte von 4 Fladen geben und den Roti nochmals zu etwa 12 cm Durchmesser ausrollen. Die gefüllten Rotis in einer heißen Pfanne je Seite 10 Sekunden trocken backen. – Mit 2 TL Ghee bepinseln und warm stellen.
- Reduziert Vata und Pitta, steigert Kapha.

Auberginen-Chutney
1 TL Sonnenblumenöl
Je ¼ TL Kreuzkümmel und Senfkörner
½ Aubergine, in kleine Stückchen geschnitten
1 Tomate in kleinen Stückchen
Wasser
1 TL Jaggery
Je ¼ TL Koriander, Chili und Fenchel, gemahlen
Je ¼ TL Bockshornkleeblätter und Tandoori-Masala
¼ TL Amchur
Salz

Öl erhitzen, ganzen Kreuzkümmel und Senfkörner zufügen und warten, bis sie platzen und zerspringen. Auberginen, Tomaten und 100 ml Wasser dazurühren und bei mittlerer Hitze kochen, bis alles weich ist.

Jaggery zerkleinern, in etwas Wasser einweichen und verrühren, dann zusammen mit den anderen Gewürzen außer Salz zum Gemüse geben. Noch etwa 5 Minuten weiterkochen. Mit Salz abschmecken. Abkühlen lassen.
- Geeignet für Pitta und Vata, für Kapha ohne Jaggery zubereiten.

Tamarinden-Jaggery-Chutney
25 g Tamarinde, getrocknet
50 g Jaggery
Wasser
¼ TL Kreuzkümmel gemahlen
1 Prise Asa foetida

Salz
1 TL Öl
1 TL Kichererbsenmehl zum Binden
Tamarinde und Jaggery in 150 ml heißem Wasser etwa 30 Minuten stehen lassen.
Gewürze, Salz und Öl hinzufügen und pürieren. Bei mittlerer Hitze 5 Minuten kochen lassen. Kichererbsenmehl in Wasser klumpenfrei anrühren, in das Chutney geben und aufkochen, bis die Masse dicklich ist.
- Gut für Vata und Kapha.

Kokos-Chutney
50 g Kokosflocken
1 TL Erdnüsse
1 TL weiße Linsen
½ TL frischer Ingwer
150 bis 200 ml lauwarmes Wasser
2 TL Magerquark
1 TL Joghurt
1 TL Ghee
¼ TL Kreuzkümmelsamen
¼ TL Senfkörner
Salz
1 TL frischer Koriander oder Petersilie
Kokosflocken, Erdnüsse, Linsen und Ingwer 10 Minuten in lauwarmem Wasser einweichen. Dann mit dem Quark und Joghurt pürieren. In eine Schüssel füllen.
Ghee erhitzen. Kreuzkümmel und Senfkörner anbraten, bis sie zerplatzen. Herausnehmen und unter das Chutney rühren. Gut vermischen. Mit Salz abschmecken. – Garniert mit Petersilie oder Koriander servieren.
- Geeignet für Vata und Pitta, gemäßigt für Kapha.

Petersilien-Oliven-Dip
5 grüne Oliven
1 Tasse frische Petersilie
25 g Walnüsse
½ TL frischer Ingwer, gerieben
100 bis 150 ml Wasser
1 Prise Meersalz

Die Oliven entsteinen. Alle Zutaten in einem Mixer zu einer geschmeidigen Konsistenz pürieren.
- Geeignet für alle Doshas.

Mango-Chutney
50 g Jaggery
50 ml Wasser
1 Mango
2 EL Kichererbsenmehl
¼ TL Amchur
¼ TL Kurkuma
½ TL frischer Ingwer, gerieben
¼ TL Chilipulver
1 Prise Salz
1 TL Ghee
½ TL Senfkörner

Jaggery klein schneiden. Mit Wasser mischen und bei mittlerer Hitze in einem Stieltopf 10 Minuten kochen. Mango schälen und fein reiben. Zusammen mit Kichererbsenmehl, Amchur, Kurkuma, Ingwer, Chili und Salz zum Wasser-Jaggery-Sirup hinzufügen. Pürieren.

Weitere 3 Minuten unter starker Hitze umrühren. Danach in eine kleine Servierschüssel umfüllen. Ghee in einer kleinen Pfanne erhitzen und Senfkörner hinzugeben. Wenn diese anfangen zu springen, sofort im Mango-Chutney unterrühren. – Kühl servieren.
- Reduziert Vata und Kapha, steigert Pitta.

Tomaten-Pastinaken-Dip

1 Tomate
200 ml Wasser
2 EL Dinkelgrieß
¼ TL Vata-Churna
1 TL Honig
Salz
1 Pastinake
1 TL frische Petersilie, gehackt

Tomate in kochendem Wasser blanchieren. Schälen und zusammen mit Dinkelgrieß, Vata-Churna, Honig und Salz in eine Schüssel geben und mit dem Mixstab gut pürieren. Pastinake waschen und fein reiben. Petersilie und geriebene Pastinake in Tomatenmasse geben und mischen.

- Reduziert Vata und Pitta, steigert Kapha.

Avocado-Mais-Dip

100 g Mais
5 EL Wasser
1 reife Avocado
½ Knoblauchzehe, fein gehackt
½ TL frischer Ingwer, fein gehackt
1 EL Magerquark
½ TL Ghee
1 TL Zitronensaft
½ grüne Chilischote, fein gehackt
1 kleine rote Zwiebel, fein gehackt
Salz
1 EL Korianderblätter, gehackt

Maiskörner mit 3 EL Wasser 10 Minuten kochen, pürieren und 15 Minuten abkühlen lassen. Avocado schälen, entkernen und mit Knoblauch, Ingwer, Quark, Ghee, Zitronensaft sowie Avocado, 50 g Maiskörnern und 2 EL Wasser in den Mixer geben und gut pürieren.

Dann in eine Servierschüssel umfüllen. Mit gehacktem Chili,

Zwiebeln, Salz und den restlichen 50 g Maiskörnern nochmals mischen. – Mit Koriander bestreut servieren.
* Reduziert Pitta und Vata, steigert Kapha.

Pfirsich-Dip
2 Pfirsiche
50 ml Wasser
½ TL Zitronensaft
1 TL Honig
½ TL Sarawat-Masala
Salz

Pfirsiche waschen und schälen, einen davon in große Stücke schneiden und in Wasser 10 Minuten weich kochen. Den zweiten in kleine Würfel schneiden und beiseitestellen.

Wenn die gekochten Pfirsiche abgekühlt sind, die restlichen Zutaten außer den Pfirsichwürfeln dazugeben und alles pürieren. Zum Schluss die Würfelchen untermischen. – Und servieren.
* Geeignet für Vata, in Maßen für Pitta und Kapha.

Nachspeisen

Mango-Quark-Creme
50 g Magerquark
1 EL Honig
50 g Mangopüree
1 EL Schlagsahne
100 g Früchte der Saison
1 EL Mandeln, gehackt
Einige Tropfen Rosenwasser
1 Prise Kardamom
1 EL Mandelblättchen, geröstet

Quark mit Honig cremig rühren, Mangopüree und Sahne unterrühren, klein geschnittenes Obst, Mandeln, Rosenwas-

ser sowie Kardamom dazugeben, gut vermischen. – Mit den Mandelblättchen garnieren.
- Am besten für Vata und Pitta geeignet.

Sesam-Jaggery-Konfekt
2 TL Ghee
50 g Jaggery
50 g Sesam, ungeschält
½ TL Ingwer, gemahlen
1 TL Wasser

1 TL Ghee erhitzen, Jaggery in kleine Stücke teilen, dazugeben und schmelzen lassen. Kochen lassen, bis die Masse eine mittelbraune Farbe hat. Jetzt Sesam, Ingwer und Wasser hinzufügen. So lange kochen, bis die Masse dicklich geworden ist.
Ein Backblech mit 1 TL Ghee einfetten und die fertige Mischung flach verteilen. In gleichmäßige Stückchen schneiden und 30 Minuten abkühlen lassen.
- Geeignet für Vata, in Maßen für Pitta.

Mandelsüßspeise
50 g Jaggery
50 ml Wasser
Je 1 Messerspitze Kardamom und Muskatnuss, gemahlen
2 EL Ghee
Je 50 g Mandeln, gemahlen und gehackt
1 EL Kichererbsenmehl

Jaggery in kleine Stücke teilen und zusammen mit Wasser zu einem dicken Sirup kochen. Kardamom, Musskatnuss und 1 EL Ghee zufügen, zur Seite stellen, warm halten.
1 EL Ghee erhitzen, Mandeln 10 Minuten bei ganz kleiner Hitze rösten. Kichererbsenmehl zufügen und 5 Minuten weiterrösten. Nun Jaggerysirup hinzufügen, weitere 8 Minuten bei mittlerer Hitze kochen, bis eine dicke Masse entsteht. Diese nun auf einem Blech verstreichen, mit einem Messer in

Stücke teilen. – Vor dem Servieren abkühlen und fest werden lassen.
- Reduziert Vata und Pitta, steigert Kapha.

Apfelcreme

100 ml Wasser
1 EL Jaggery
2 Äpfel (Cox' Orange oder reifer Boskop)
1 Prise Zimt
Einige Tropfen Rosenwasser
1 EL Kokosflocken, geröstet
50 ml Kokosmilch
1 EL Mandelplättchen, geröstet

Wasser mit Jaggery erhitzen. Die Äpfel waschen, einen davon zerkleinern und im Wasser weich kochen. Dann pürieren und abkühlen lassen. Den anderen Apfel in Würfelchen schneiden, zusammen mit Zimt, Rosenwasser und gerösteten Kokosflocken in das Püree rühren. Die Kokosmilch vorsichtig unter die Creme mischen. – Mit Mandelplättchen garniert servieren.
- Reduziert Vata und Pitta, in Maßen für Kapha.

Karottensüßspeise

150 g Karotten
2 TL Ghee
50 ml Kokosmilch
100 ml Wasser
1 EL Jaggery
2 EL Kokosflocken
1 EL Mandelstifte
1 Messerspitze Kardamom, gemahlen
Einige Tropfen Rosenwasser
1 EL Mandelplättchen, geröstet

Die Karotten waschen und reiben. In einer Pfanne 1 TL Ghee erhitzen und Karotten, Kokosmilch, Wasser und Jaggery dazugeben. Bei kleiner Hitze 10 Minuten kochen lassen. Dann Kokosflocken, Mandelstifte und Kardamom unterrühren. Weitere 5 Minuten kochen.

Mit Rosenwasser abschmecken. – Und mit Mandelplättchen sowie 1 TL Ghee servieren (kann warm oder kalt gegessen werden, je nach Konstitution oder Klima).

- Geeignet für Vata und Pitta.

Süße Kichererbsenbällchen
1 EL Ghee
50 g Kichererbsenmehl
25 g Jaggery, fein gerieben
2 EL Kokosflocken
Je 1 Prise Kardamom und Zimt, gemahlen
25 g Walnüsse, klein gehackt
1 EL Wasser

Ghee in einer gusseisernen Pfanne oder einem Topf erwärmen. Das Kichererbsenmehl zufügen und auf niedriger Hitze mit einem Holzlöffel ständig umrühren, sodass es nicht anbrennt. Nach 10 Minuten Jaggery hinzufügen und weiter umrühren. Nach 15 bis 20 Minuten wird das Mehl bräunlich und entwickelt ein nussiges Aroma.

Die restlichen Zutaten zumischen und nochmals 5 Minuten rühren, bis eine ziemlich feste Masse entsteht. Etwas abkühlen lassen. Mit feuchten Händen walnussgroße Kugeln formen oder auf einem mit Ghee bepinselten Blech ausrollen und kleine Karoformen schneiden.

- In Maßen geeignet für alle Doshas.

Nusskonfekt
50 g Kokosflocken
25 g Mandeln, gemahlen
25 g Walnüsse, klein gehackt
25 g Sultaninen oder Rosinen
25 g Pinienkerne

1 EL Dinkelgrieß
1 EL Kichererbsenmehl
25 g Jaggery, fein gerieben
1 EL Ghee
1 Prise Muskatnuss
50 ml Sojamilch
Einige Tropfen Rosenwasser

In einem gusseisernen Topf Ghee erwärmen, alle Zutaten außer Sojamilch und Rosenwasser zufügen und bei niedriger Hitze 10 Minuten ständig umrühren. Sojamilch und Rosenwasser zumischen und weitere 10 Minuten mischen.

Mit feuchten Händen walnussgroße Kügelchen formen oder auf einem Blech ausrollen und in Würfel schneiden.

- Geeignet für alle Doshas.

Vollkornplätzchen
1 EL Ghee
25 g brauner Biozucker
1 Prise Kardamom, gemahlen
100 g Dinkelvollkornmehl
Eventuell etwas Wasser
10 bis 15 halbierte geschälte Mandeln

Ghee und Zucker mit einem Schneebesen 2 Minuten mischen. Kardamom und das Mehl langsam unterrühren. Wenn die Masse zu fest wird, ein paar Tropfen Wasser dazugeben. Die Masse mit einem Tuch zugedeckt 10 Minuten ruhen lassen.

Den Backofen auf 150 Grad Umluft vorheizen. Den Teig jetzt kneten und in runde, flache Keksformen füllen. Auf die Mitte von jedem Keks ½ Mandelstück geben und kurz eindrücken. Auf ein Blech mit Papier legen und auf der mittleren Schiene im Backofen leicht braun backen. Dann abkühlen lassen.

- Geeignet für alle Doshas.

»Es ist nicht möglich, ein Yogi zu sein,
Wenn man zu viel isst oder zu wenig isst,
Wenn man zu viel schläft oder nicht genug schläft.«
Bhagavadgita

Anhang

Dank

Dieses Buch verdankt seine Entstehung der Liebe und Unterstützung vieler Menschen.

An erster Stelle möchte ich meiner lieben Frau Gabriele meine tiefe Dankbarkeit aussprechen – nicht nur im Hinblick auf dieses Buch, sondern auch darauf, wer und was ich heute bin.

Ich möchte von ganzem Herzen meine Dankbarkeit gegenüber Karsten Bäsmann ausdrücken, der mir wertvolle Anregungen gab und einige Beiträge mitgestaltet hat und dabei viel Zeit, Liebe und Geduld einbrachte, um diesem Buch eine schöne Form zu geben.

Meine tief empfundene Anerkennung möchte ich den Mitgliedern meiner »Fraueninsel-Familie« aussprechen: Mutter Johanna, Frau Scholastica, Frau Benedikta, Frau Dominica, Frau Elisabeth, Frau Brigitta, Frau Hanna, Frau Ruth und allen anderen stets hilfsbereiten und humorvollen Mitarbeitern: Conny, Günther, Sepp, Gerhard und Inge vom Kloster Frauenchiemsee.

Ganz besonders dankbar bin ich Anjee für ihre geduldige Überarbeitung des Buchtextes und das Korrekturlesen. Danken möchte ich auch Ilona Eisemann und Wolfgang Schmidtkunz für ihre liebevolle Aufmerksamkeit und Unterstützung.

Meinen aufrichtigen Dank an Heli Suchanovska, Miriam und Aneshka Nebusova, Frau Dr. Karin Kiefhaber, Kurt und Lucia Weber, Gundumama und Anja, Sigrid und Felix, Gisela Konrad, Durga Walter, Claudia Böning, Ursula Zobel, Mike Turner, Eva Pröpster, Christoph Emmelmann Monika und Raja Paralkar, Christa Summerer, Doris Stickelbrocks, Frau Thoennessen, Peter Brenner, Familie Bommer, Olivia Baerend, Ralf Lay sowie den vielen, vielen lieben Gästen und Freunden, die bereits durch unsere Türen kamen und nicht nur mein Leben, sondern auch unsere Küche in der Abtei Frauenwörth mit mir teilten.

Vielen Dank auch an Frau Dr. Sunanda Ranade aus Pune, Indien, für ihre lehrreichen Unterweisungen in der Entgiftungs- und Entschlackungslehre sowie an Prof. Dr. Subhash Ranade, Prof. Dr. Avinash Lele, Frau Dr. Bharati Lele, Herrn Dr. und Frau Dr. Nandan Lele.

Der hochgeschätzten Frau Scholastica McQueen, innovative Leiterin der Seminarverwaltung in der Abtei Frauenwörth, danke ich für Ihre Lebensklugheit und Großherzigkeit, mit der sie mich unterstützt und fördert.

Mein tiefer Dank an meine wunderbare Familie: meine Eltern, Baba und Aie, und meine Geschwister, meinen Bruder Sunit und meine Schwester Ruma, sowie deren Familien für ihre Geduld und ihr Verständnis für mich.

Abschließend geht mein Dank an die Göttin Annapurna, die Nahrungsspenderin, die mein schöpferisches Schaffen immer wieder neu inspiriert.

> »Wer Gutes tun möchte, klopft ans Tor.
> Wer liebt, findet die Tür offen.«
> Rabindranath Tagore

Literatur

Aivanhov, Omraam Mikhael: *Yoga der Ernährung,* Prosveta 2004

Frawley, David: *Vom Geist des Ayurveda,* Windpferd 1999

Morningstar, Amadea, und Urmila Desai: Die *Ayurveda-Küche,* Heyne 1992

Ranade, Subhash, und Christian Hosius: Ayurveda Basislehrbuch, Urban & Fischer 2003

Sabnis, Nicky Sitaram, und Gabriele Kühn-Sabnis: *Sanft abnehmen mit Ayurveda,* Gräfe und Unzer 2002

Sabnis, Nicky Sitaram: *Das große Ayurveda-Kochbuch,* AT 2004

Schacker, Monika und Reinhart: *Ayurveda Kuren. Das Ayurveda Lebensbuch,* Iris Bücher & mehr 2004

Scherer, Dieter, und Thomas Poppe: *Das große Ayurveda Buch,* Irisiana 2002

Sharma, P. V.: *Caraka Samhita Varanasi*, 4 Bde., Chaukhambha Orientalia 2000
Tivari, Maya: *Das große Ayurveda Handbuch*, Windpferd 1996
Veit, Elisabeth: *Idealgewicht mit Ayurveda*, Heyne 2001

Adressen

Ayurveda-Versandhandel

Laxmi Foods & Versandhandel
Nicky Sitaram Sabnis
Hochriesstraße 4
83253 Rimsting
Tel. +49 8051 309551
Fax +49 8051 309552
E-Mail: gabnic.laxmi@t-online.de
Internet: www.laxmifoods.de

Aashwamedh
Ayurvedische Produkte
Gayatri Puranik
Hardtstraße 42
69124 Heidelberg
E-Mail: aashwamedh@t-online.de

Ayurveda-Beratung und -Behandlungen

International Academy of Ayurveda
Prof. Dr. Subhash Ranade, Prof. Dr. Avinash Lele
Pune, Indien
Tel. +91 20 2422447
E-Mail: sbranade@rediffmail.com
Internet: www.ayurved-int.com

B'AYURVEDA: Centrum für Ayurveda & indische Kultur
Schwerpunkt: Entgiften/Entschlacken mit Ayurveda/Panchakarma
Nicky Sitaram Sabnis und Team
Seeplatz 4
83257 Gstadt am Chiemsee
Tel. +49 8051 309553 oder +49 8054 90268
E-Mail: gabnic.laxmi@t-online.de
Internet: www.b-ayurveda.de

Ayurvedahaus-Annapurna
Gabriele Kühn-Sabnis
Dorfstraße 23
83259 Sachrang
Tel. +49 8057 904799
E-Mail: haus-annapurna@freenet.de
Internet: www.ayurveda-hausannapurna.de

Laxmi Ayurveda-Institut
für Aus- und Weiterbildung in Ayurveda und Ernährung
Nicky Sitaram Sabnis und Team
Seeplatz 4
84357 Gstadt am Chiemsee
Tel. +49 8051 309553 oder +49 8054 90268
E-Mail: gabnic.laxmi@t-online.de
Internet: www.laxmifoods.de

Ayurveda-Naturheilpraxis
HP Ursula Zobel
Fritz-Bender-Weg 16
85402 Kranzberg
Tel. +49 8166 9181
E-Mail: info@ayurvedazobel.de

Habichtswald-Klinik
Wigandstraße 1
34131 Kassel
Tel. +49 561 310899

Dr. K. Gramminger
In den Forstwiesen 27
56745 Bell
Tel. +49 2652 527755

Dr. Dandekar und Dr. M. Dixit
Halbinselstraße
88142 Wasserburg am Bodensee
Tel. +49 8382 998191

Peter Brenner
Studio für Meditation & Yoga
Pfandlstraße 5
83022 Rosenheim
Tel. +49 08031 81336
E-Mail: Peter-Brenner@cablenet.de
Internet: www.yoga-im-alltag.de

Reinhart Schacker
Ayurvedische Gesundheits- und Ernährungsberatung
Wechaufstraße 20
6330 Kufstein
Österreich

Dr. P. V. Rai
Nord 28
9428 Walzenhausen
Schweiz
Tel. +41 71 888 0808

Ayurveda-Praxis
Dr. Hans H. Rhyner
Bergstraße 8
9100 Hersiau
Schweiz
Tel. +41 71 350 1660

Glossar

Abhyanga: Ganzkörper-Ölmassagen.
Agni: Feuer, Verdauungsfeuer (siehe »Jathartagni«).
Ahamkara: Ego, Ichbewusstsein.
Ajwain: auch »Ajowan«, »Königs-« oder »Indischer Kümmel« genannt. Geschmack bitter und scharf. Regt das Verdauungsfeuer an und verhindert Blähungen.
Akasha: Äther (siehe »Fünf Elemente«).
Ama: Schlacken und Giftstoffe (siehe »Trikatu«).
Amchur: getrocknetes Mangopulver.
Anardana: Granatapfelsamen.
Annapurna-Mantra: Gebet oder Anrufung an die Göttin Annapurna (siehe »Mantra«).
Arp: Wasser (siehe »Fünf Elemente«).
Asana: die verschiedenen Körperhaltungen in (Hatha-)Yoga.
Ashti-Dhatu: Knochengewebe (siehe »Dhatus«).
Atman: nach hinduistischer Vorstellung das wirkliche, unsterbliche Selbst, das in westlichen Kulturen als »Seele« bezeichnet wird.
Ayurveda: das »Wissen vom Leben« (*ayu* heißt im Sanskrit »Leben[szeit]« und *véda* »Wissen[schaft]«). Der Ayurveda, eine ganzheitliche Philosophie und Heilmethode, basiert auf den Veden, den ältesten heiligen Schriften Indiens. Er vermittelt ein Wissen über die Gesundheitsvorsorge, die Erkennung und Heilung von Krankheiten, die richtige Reinigung des Organismus sowie eine ausgeglichene Ernährung.
Basti: siehe »Pancha-Karma-Kur«.
Buddhi: Intelligenz. Die Instanz, die durch Unterscheidungsvermögen Sinneseindrücke einordnen kann.
Chana Dal: Kichererbsen, halbiert.
Chapati: indisches Fladenbrot.
Chitta: das tiefere Bewusstsein. Eine Instanz im Inneren, die »Geistmaterie«, die das Denken und die Wahrnehmung entstehen lässt (siehe »Manas«).
Churna: Gewürzpulvermischung.
Dhatus: die sieben »Gewebe« des Körpers, in denen sich Ungleichgewichte zwischen den Doshas (siehe dort) manifestieren:

Doshas: Lebensenergien. Die fünf Elemente (siehe dort) ordnen sich zu drei Grundkräften, den Doshas Vata, Pitta und Kapha. Je zwei Elemente bilden ein Dosha: Äther und Luft (Vata), Feuer und Wasser (Pitta) sowie Wasser und Erde (Kapha). Die Doshas steuern alle körperlichen und geistigen Vorgänge in unserem Organismus.

Elemente: siehe »Fünf Elemente«.

Fünf Elemente: Aus den fünf Elementen Äther (Akasha, Raum), Luft (Vayu), Feuer (Tejas), Wasser (Jala oder Arp) und Erde (Prithvi) ist nach der ayurvedischen Philosophie die gesamte Schöpfung hervorgegangen. Diese Grundelemente oder auch Energien sind die Bausteine der gesamten Natur, somit auch des Menschen.

Gayatri-Mantra: Anrufung an die Sonne als Quelle unserer Lebenskraft (siehe »Mantra«).

Ghee: reines Butterfett.

Guna: Die drei Gunas Sattva, Rajas und Tamas sind geistige Grundqualitäten, die zwar subtil, aber immer aktiv sind. Im Ayurveda werden sie mit Folgendem verbunden: Sattva mit reiner Geistigkeit, Licht und Liebe; Rajas mit Aktivität, energievoller Kraft und Schmerz; Tamas mit Bindung, Trägheit, Dunkelheit und Schlaf. Diese Eigenschaften werden auch bestimmten Lebensmitteln zugeordnet, sodass man die passende Nahrung je nach seinem Gemütszustand finden kann.

Ida: einer der wichtigsten Kanäle feinstofflicher Energie. Die Ida nimmt den Prana (siehe dort) durch das linke Nasenloch auf (siehe »Pingala«).

Jaggery: traditionell unraffinierter indischer Zucker aus Palm- oder Zuckerrohrsaft.

Jala: Wasser, siehe »Fünf Elemente«.

Jathartagni: Verdauungsfeuer (siehe auch »Agni«).

Jivatman: Atman (siehe dort), der sich als inkarniertes Selbst manifestiert, im Körper weilt und ihn benutzt, aber weiß, dass er in Wirklichkeit Atman ist.

Kaivalya: innere Freiheit, Ausschließlichkeit, vollkommene Erlösung. Der Begriff bezeichnet den Zustand der Seele, wenn sie erkannt hat, dass sie absolut unabhängig und vollkommen ist.

Kapha: Prinzip der Stabilität, Erde und Wasser (siehe »Doshas«).

Kolonji: schwarze Zwiebelsamen.

Mahabharata: »Das große Epos (vom Kampf) der Nachkommen des Bharata«, indisches Heldenepos.
Mahat-Tattwa: unmanifestierte Urmaterie.
Majja-Dhatu: Knochen- und Rückenmark (siehe »Dhatus«).
Malas: Ausscheidungen.
Mamsa-Dhatu: Muskelgewebe (siehe »Dhatus«).
Manas: die Denkfähigkeit, der »äußere Geist«. Durch Manas empfangen wir die Eindrücke der äußeren Welt (siehe »Chitta«).
Mantra: kraftgeladene Silbe oder Silbenfolge, welche bestimmte kosmische Kräfte und Aspekte zum Ausdruck bringt. Die Wiederholung eines Mantras wird vielfach als Form der Meditation geübt. Das im Westen bekannteste ist wohl die Silbe »Om«, das umfassendste und erhabenste Symbol der hinduistischen spirituellen Erkenntnis, welches auch im Buddhismus als Mantra eine Rolle spielt.
Masala: Gewürzmischung.
Meda-Dhatu: Fettgewebe (siehe »Dhatus«).
Methi: Bockshornkleesamen und getrocknete Blätter.
Mung Dal: gelbe Linsen.
Nasya: siehe »Pancha-Karma-Kur«.
Nimpani: Entschlackungstrank aus heißem Wasser mit Honig und Zitronensaft.
Pancha-Karma-Kur: die »fünf Heilbehandlungen«. Eine der wichtigsten Ausleitungsmethoden, die aber auch einen tiefen Einfluss auf das Nervensystem hat. Die Kur besteht aus Vamana (therapeutisches Erbrechen), Virechana (therapeutisches Abführen), Basti (therapeutischer Einlauf), Nasya (Nasenreinigung) und Rakta-Moksha (Blutreinigung).
Papaddam: auch »Papadam«, »Papad« oder »Papar«. Dünner frittierter oder gebackener Fladen aus Linsenmehl oder auch einer Mischung aus Linsen- und Reismehl. Es gibt ebenso Variationen aus Kichererbsenmehl.
Pingala: einer der wichtigsten Kanäle feinstofflicher Energie. Die Pingala nimmt den Prana (siehe dort) durch das rechte Nasenloch auf (siehe »Ida«).
Pitta: Prinzip der Umwandlung, Feuer und Wasser (siehe »Doshas«).
Phodni: das Anrösten von Gewürzen (siehe »Tadka«).

Prakruti: die individuelle (»mitgebrachte«) Konstitution eines Menschen, die sich im Lauf des Lebens nur wenig verändert (siehe »Vikruti«).

Prana: die kosmische Energie, die unseren Körper durchdringt und erhält. *Prana* heißt im Sanskrit »Atem, Lebensodem«. So manifestiert sich diese Energie bei den Geschöpfen auch am deutlichsten als Atem.

Pranayama: Atemübungen.

Prithvi: Erde (siehe »Fünf Elemente«).

Rajas: siehe »Guna«.

Rakta-Dhatu: Blut (siehe »Dhatus«).

Rakta-Moksha: siehe »Pancha-Karma-Kur«.

Rasa: Geschmacksrichtung.

Rhasa-Dhatu: Lymphe (siehe »Dhatus«).

Rotis: gefüllte Fladen.

Samosas: Teigtaschen, die mit verschiedenen Zutaten gefüllt sein können: Kartoffeln, Gemüse, Obst usw. Werden häufig als Vorspeise serviert.

Sattva: siehe »Guna«.

Shukra-Dhatu: Reproduktions»gewebe« (siehe »Dhatus«).

Surya-Namaskar: »Sonnengruß«, Yoga-Übung, die Streck-, Dehn- und Gleichgewichtsübungen umfasst. Für alle Doshas (siehe dort) empfohlen.

Svedana: Transpiration in der Schwitzkabine, wobei der gesamte Körper im Dampfbad sitzt, der Kopf aber aus einer Öffnung herausschaut.

Tadka: das Anrösten von Gewürzen (siehe »Phodni«).

Tamas: siehe »Guna«.

Tejas: siehe »Fünf Elemente«.

Theplas: hauchdünne Fladen aus Dinkel-, Kichererbsen- und Mais- oder Reismehl.

Tridosha-Typ: ein Mensch, der von allen drei Doshas (siehe dort) mehr oder weniger gleich stark geprägt ist.

Trikatu: Mischung aus Ingwerpulver, gemahlenem schwarzem Pfeffer und Pippali (indischer Langkornpfeffer). Unter anderem dazu geeignet, um Ama (siehe dort) wieder aus dem Gewebe zu entfernen.

Triphala-Churna: Dieser darmreinigende Mix, den man als Fertigprodukt beziehen kann, besteht aus drei Gewürzen: Ingwer, schwarzem und Langkornpfeffer.

Upadhatus: Bindegewebe oder Organstrukturen, die den Körper nicht nähren, aber wichtig für den Aufbau und Erhalt des Organismus sind. Sie werden aus überschüssigen Proteinen gebildet.

Urid Dal: schwarze Linsen.

Vamana: siehe »Pancha-Karma-Kur«.

Vastu: indische Kunst der harmonischen Lebens- und Wohnraumgestaltung, »ayurvedisches Feng-Shui«.

Vata: Prinzip der Bewegung, Äther und Luft (siehe »Doshas«).

Vayu: Luft (siehe »Fünf Elemente«).

Vikruti: unsere aktuelle Konstitution (siehe »Prakruti«).

Virechana: siehe »Pancha-Karma-Kur«.

Virya: energetische Wirkung.

Rezepteverzeichnis

Gewürzmischungen und Ghee

Annapurna-Masala	142
Garam-Masala	144
Ghee (reines Butterfett)	135
Goda-Masala	142
Harolikar-Masala	145
Himalaya-Masala	144
Jollytee-Masala	145
Joshi-Masala	146
Kailash-Masala	145
Kapha-Churna, indisch-ayurvedisch	137
Kapha-Churna, westlich-ayurvedisch	138
Pancha Poren (Fünf-Gewürz-Mischung)	141
Pitta-Churna, indisch-ayurvedisch	138
Pitta-Churna, westlich-ayurvedisch	139
Saraswat-Masala	141
Tandoori-Masala	143
Tridosha-Currymischung (Laxmi-Currymischung)	146
Trikatu	140
Triphala-Churna	140

Vata-Churna indisch-ayurvedisch 139
Vata-Churna westlich-ayurvedisch 140

Entschlackungswochenende
Apfel, gedünsteter 160
Bockshornkleesprossen (oder Mungbohnensprossen) 160
Entschlackungstee 152
Gelbe-Linsen-Suppe 158
Gemüsesuppe 159
Heißes Wasser (ayurvedischer Champagner) 161
Kichadi (Reis-Linsen-Gericht) 160
Mungbohnensuppe 159
Reissuppe 158
Trockenobstkompott 161

Das Agni anzünden
Ajwain-und-Brennnessel-Tee 155
Bockshornkleeblätter-und-Löwenzahn-Tee 155
Fenchel-und-Schafgarben-Tee 155
Ingwer-und-Zinnkraut-Tee 155

Kochen – Pure Lebensfreude
Frühstück
Dinkel-Linsen-Pfannkuchen 167
Dinkelporridge 163
Grieß, pikanter, mit Gemüse 165
Grießbrei, warmer 164
Mandelmus 165
Obst, geschmortes 164
Reisflocken, würzige, mit Auberginen 166

Apertifs und Tees
Ajwaintee 171
Apfeltee, gewürzter 170
Entschlackungssorbet 167
Geschmortes-Obst-Aperitif 170
Gute-Laune-Tee 172
Indischer Tee (Tschai) 170

Ingwerwasser	171
Lassi (Joghurtgetränk, würzig)	168
Magenöffner	168
Mandel-Soja-Aperitif	169
Mango-Aperitif, süßsaurer	167
Morgentee	171
Rosenwassersorbet	169
Sternanis-Orangen-Tee	169
Verdauungsdrink	168

Vorspeisen und Snacks

Auberginenröllchen, gefüllte	176
Brokkoliröschen, gebackene	176
Chicorée, gedünsteter, mit Grapefruit	172
Gemüse-Kartoffel-Pasteten	173
Kichererbsen-Koriander-Würfel	174
Papaddam (hauchdünne Linsenwaffeln)	173
Polenta-und-Gemüse-Gratin	174
Süßkartoffeln auf Karotten-Koriander-Bett	175

Suppen

Gemüsesuppe	180
Karottensuppe	177
Kartoffel-Zwiebel-Suppe, feurige	181
Kürbiscremesuppe	178
Linsensuppe	180
Sellerie-Dinkel-Suppe	178
Zucchini-Gurken-Suppe	179

Hauptspeisen, vegetarisch

Gemüse, gemischtes, in Kokos und Curry	182
Gemüsepfanne	183
Kartoffel-Gurken in Kokos-und-Ingwer-Sauce	187
Kohlrabischnitzel	185
Kürbis-Kichererbsen-Pfannkuchen	188
Pastinaken-Papaya-Pflanzerl	188
Sellerieschnitzel	183
Spinat-Auberginen, nussige	185

Topinambur-Amarant-Kreation 186
Weißkraut, würziges 184
Zucchini, gefüllte, auf Spinat 189

Fisch und Fleisch
Fischcurry »Goa-Art« 191
Fischnockerln 190
Gambas in scharfsaurer Sauce 193
Hähnchenfilet, mariniertes und gegrilltes 195
Huhn mit Spinat 197
Kabeljau in würziger Kokosmilchsauce 194
Kaninchenfleisch in süßscharfer Sauce 197
Lachs mit Spargel 192
Lammfleisch in würziger Sauce 196
Putenfleisch in feuriger Sauce 198
Rehragout 197
Renke oder Zander in pikanter
Zitronenmelisse-Erdnuss-Sauce 193

Getreide und Hülsenfrüchte
Bulgur-Gemüse-Risotto 201
Dinkel-Linsen-Topf 203
Gemüse-Reis-Pfanne 200
Getreidepfanne, gemischte 202
Kichadi (Reis-Linsen-Gericht) 200
Kichererbsen-Karotten-Gericht, pikantes 206
Linsen mit Gemüse 206
Linsenpüree (Dal), würziges 205
Mungbohnen in Sesamsauce 207
Reis mit Chicorée 202
Spargel in Safran-Hirse 204

Beilagen und Salate
Bandnudeln in würziger Kokossauce 209
Bockshornklee-Mungsprossen-Salat 212
Gurkensalat 212
Karottensalat, pikanter 213
Kartoffel-Kokos-Salat 213

Kartoffeln in kalter Minzsauce	210
Penne mit Mangold	210
Rote-Bete-Relish	214
Spargel mit Sojasprossen und Ingwerdressing	211
Topinambur-und-Mais-Patties	208

Brot, Chutneys und Dips
Auberginen-Chutney	217
Avocado-Mais-Dip	220
Fladen, gefüllte (Rotis)	216
Fladen, pikante hauchdünne (Theplas)	216
Fladenbrot, blättriges	215
Fladenbrot, indisches (Chapati)	214
Kokos-Chutney	218
Mango-Chutney	219
Petersilien-Oliven-Dip	219
Pfirsich-Dip	221
Tamarinden-Jaggery-Chutney	217
Tomaten-Pastinaken-Dip	220

Nachspeisen
Apfelcreme	223
Karottensüßspeise	223
Kichererbsenbällchen, süße	224
Mandelsüßspeise	222
Mango-Quark-Creme	221
Nusskonfekt	224
Sesam-Jaggery-Konfekt	222
Vollkornplätzchen	225